수프에서 분자요리까지

프랑스 & 이탈리아 요리

수프에서 분자요리까지

프랑스 & 이탈리아 요리

김형래 | 김용식 | 김업식 | 박상준 | 박명수

허 정 | 김진숙 | 정정희 | 안지연

(주)교문사

머리말

조리를 공부하는 학생이나 호텔·외식산업에 종사하는 조리사들은 꾸준히 연마한 조리 기능과 성공적인 조리 경험을 토대로 자아실현을 성취하려는 꿈을 갖고 있다. 이들에게 호텔·외식산업의 핵심인 메뉴개발에 관한 지식과 실무를 습득하는 일은 매우 중요하다.

전 세계가 하나의 지구촌인 21세기에 들어서면서 프랑스와 이탈리아 음식도 시대적 상황에 맞게 변화하고 있다. 이에 부흥하고 진화된 프랑스와 이탈리아 음식의 기본과 원리를 이해시키고자 본서를 계획하게 되었으며, 프랑스와 이탈리아 음식의 역사, 프랑스와 이탈리아 음식의 특징, 스톡, 수프, 애피타이저, 파스타, 리조또, 디저트, 젤라또, 분자요리 등의 순으로 내용을 구성하였다.

본서가 프랑스와 이탈리아 음식의 과거와 현재, 미래를 알고 싶어 하는 분들과 자아실현을 꿈꾸는 조리사들과 외식산업에 관심 있는 분들에게 좋은 지침서로 공유될 수 있기를 바란다.

끝으로 많은 격려와 조언을 아끼지 않은 선후배님에게 감사의 말씀을 올리고 사진촬영으로 고생하신 류관희 님과 멤피아 방청명 사장님, 코리아 테크 이동열 대표님, 쉐프 푸드 김성현 팀장님께 다시 한 번 감사의 말을 전한다. 또한 제작에 심혈을 기울여주신 교문사 류제동 사장님 이하 관계자 모든 분들께 감사의 마음을 표한다. 앞으로도 여러 선후배님들의 지도와 편달을 부탁드리고 싶다.

2012. 12.
저자 일동

차 례

머리말 v

PART 1 음식 문화

프랑스 France **2**

역사 2
프랑스 음식 문화의 일반적 특징 5
지역별 음식의 특징 6
일상식 10
특별식 13
대표 음식 13

이탈리아 Italy **16**

역사 16
이탈리아 음식 문화의 일반적 특징 19
지역별 음식의 특징 19
일상식 24
특별식 26
대표 음식 27

Contents

PART 2 요리 방법

01 **스톡** Stock 32

야채 스톡 35

쿠르 부용 37

생선 스톡 39

치킨 스톡 41

브라운 스톡 43

02 **수프** Soup 44

비프 콘소메 47

미네스트로네 수프 49

크램 차우더 51

감자 크림 수프 53

단호박 수프 55

아스파라거스 수프 57

양송이 수프 59

해산물 수프 61

콘 차우더 63

랍스터 비스퀴 65

03 애피타이저 Appetizer 66
까쁘레제 샐러드 71
시금치 샐러드 73
파마산 치즈를 이용한 가지 75
아란치니 디 리조 77
참치 타르타르와 아보카도 79
아스파라거스와 토마토 파마산 치즈를 곁들인 송아지 안심 까르빠초 81
토마토, 관자 브루스케타 83
포르치니 버섯 브루스케타 85
프로슈또로 감싼 아스파라거스와 수란 87
아보카도를 곁들인 게살 샐러드 89
지중해식 주꾸미와 검은 올리브 샐러드 90
농어 타르타르와 아보카도 91

04 파스타 Pasta 92
제노베제 바질 페스토 파스타 95
해산물 토마토 스파게티 97
까르보나라 스파게티 99
버섯을 곁들인 루마코니 그라탕 101
볼로네제 파스타 103
홈메이드 리코타 치즈와 시금치를 곁들인 까넬로니 파스타 105
리코타와 시금치를 넣은 라비올리 107
라자냐 볼로네제 109

Contents

05 리조또 Risotto **110**

해산물 먹물 리조또 113

포르치니 버섯 리조또 115

닭고기, 버섯 리조또 116

밀라노 스타일의 리조또 117

모짜렐라 치즈, 토마토, 바질을 곁들인 리조또 118

렌틸콩과 빤체타를 곁들인 리조또 119

06 디저트, 젤라또 Desserts, Gelato **120**

사과 스트루들 123

초콜릿 머드 케이크 125

스파클링 와인 무스 자바이오네 126

피스타치오 세미프레도 127

라즈베리 젤라또 128

파코젯을 이용한 파코젯 젤라또 129

바닐라 젤라또 131

07 분자요리 Molecular Gastronomy **132**

구면화 망고 145

구면화 그린 피스 146

고체 오일 147

레몬 에어 149

비트 주스 에어 151

진화된 조리 기기들 152

참고문헌 156

찾아보기 158

PART 1
음식 문화

프랑스
France

프랑스 국민들은 매우 현실적이며, 검소하고, 자신의 인생을 즐길 줄 안다. 또한 자신의 나라에 대한 애착심이 아주 강하며 예술이 생활화된 민족이다. 그들은 청각, 시각, 후각, 촉각 등 모든 감각기관이 우수하지만, 특히 발달된 미각을 가지고 있으며, 영국과 함께 엄격한 식사예절을 가지고 있다. 더운 지역과 추운 지역에 걸친 광대하고 비옥한 토지에서 생산되는 풍부한 재료와 해산물, 요리에서 없어서는 안 될 좋은 술, 경제적인 풍요 등 다양한 생활요인들이 프랑스를 예술과 요리의 나라로 만들었다. 이들의 요리는 세계 3대 요리 중 하나로 발전하게 되었다.

역사

고대~중세

고대 프랑스의 식문화 역사는 전통적으로 프랑스에 거주하며 거친 음식문화를 가진 골Gaul족과 프랑스로 이주해 온 프랑크족의 음식이 로마인들의 지배하에 로마의 음식문화가 더해져 완성된 것이다. 이 당시 프랑스의 식문화 안에서는 인간이 생각해 낼 수 있는 온갖 재료와 요리법이 연구되었다. 그러나 전체적으로는 세련되지 못한 '시골스럽고 푸짐하기만 한' 요리에 머물렀다.

프랑스가 로마를 정복한 이후 프랑스 북부 지방의 거위 요리가 로마에까지 명성을 날리게 되었다. 또한 프랑스가 치즈 제조에 탁월한 기술로 유럽에서 최고의 치즈 수출국으로 알려지게 된 것도 이 시기이다.

중세~르네상스 시대

프랑스는 중세 초기 침략이 잦았던 탓에 궁이나 귀족, 민간이 아닌 수도원이나 교회를 통해 기존의 식문화가 지속될 수 있었다. 이렇게 지속된 음식문화와 요리법은 후에 수

도사들로부터 평민에게 전수되었다.

이 시기에는 주로 식물이 원료가 되는 음식물을 먹었고, 굳은 빵을 먹기도 하였으며, 수프의 일종인 브루에Brouet를 만들어 베이컨을 얹어 먹기도 했다. 치즈는 요리에 끼지 못했으나 종류에 있어서는 단것, 짠 것, 부드러운 것, 신 것, 지방질이 있는 것과 없는 것 등으로 세분화되어 있었다. 요리법도 점차 발전하여 불을 이용하여 익히는 데도 굽기, 물을 많이 넣고 끓이기, 튀기기, 뭉근한 불로 오래 끓이기 등의 독특하고도 세분화된 방식이 나타났다.

소스는 가볍고 지방분이 적은 것으로 루roux의 전신이 되는 소량의 밀가루와 기름을 넣어 바싹 졸인 형태가 나타났다. 그러나 맵고 신맛이 강해 현재와 같은 맛은 아니었을 것으로 추정된다.

르네상스 시대 ~ 16세기

르네상스 시대에는 프랑스 식문화가 비약적인 발전을 이루게 되는데, 이탈리아의 카트린느 드 메디치Catherine de Medici가 앙리Henry 2세와 결혼한 것이 계기가 되었다. 그녀는 이탈리아에서 뛰어난 요리솜씨를 가진 피렌체 출신의 요리사들과 함께 프랑스로 건너와 파마산 치즈, 송아지 요리, 멜론, 셔벗 등 신기한 재료와 음식을 프랑스에 소개하였다. 앙리 3세에 이르러서는 음식뿐 아니라 은제 식기, 포크, 식탁보 등도 이탈리아의 방식을 본받아 유행하게 되었다. 이후 파리에 요리학교가 생겨 전문 요리사가 배출되고 16세기에는 파리에 정기적인 시장이 열리기도 했다. '카바레'가 생기면서 집이 아닌 외부에서 식사를 하는 풍습이 생겨났다. 이는 현대의 외식문화에까지 영향을 준 역사적 사건이다. 지중해, 대서양에서 수확되는 해산물, 포도주와 함께 아프리카로부터 강낭콩, 감자, 옥수수 등이 수입되었으며 16세기 말에는 칠면조가 소개되어 엄청난 인기를 누렸다. 이때부터 식사예절이 정립되었고, 포크 등을 사용하는 것이 일반화되어 오늘날까지 이어져 오고 있다.

17 ~ 18세기

17세기 프랑스 식습관은 형식과 내용 면에서 모두 큰 변화가 일어났다. 앙리 4세의 요리장이었던 '라바렌Lavareine'은 요리의 법칙과 조리법을 체계적으로 정리한 책을 만 부

출간하였고, 이 책을 기초로 프랑스 요리는 비약적 발전을 거듭하게 된다. 루이 14세에는 절대군주와 중앙집권제라는 정치적 테두리 안에서 귀족들 사이에서 성대한 연회가 유행하였으며 루이 15세는 미식美食을 좋아하여 왕 스스로 요리를 만들기도 했다고 전해진다. 이 시대에는 귀족도 부엌을 드나드는 것이 일반적이어서 요리에 귀족들의 이름이 붙여졌다. 이 시대를 거쳐 음식의 맛은 조리로 가려져서는 안 되고 단순한 자연적 조리로 해야 한다는 주장이 받아들여졌고, 프랑스 요리는 완성기에 도달하게 되었다. 이에 따라 과도한 데코레이션을 지양하였으며 17세기 말에는 차, 커피, 코코아, 아이스크림 등이 출현하였다. 18세기 프랑스 대혁명까지 요리의 향연이 계속되었으며 프랑스 요리의 진정한 창시자라고 할 만한 A. 카렘이 나타났다. A. 카렘은 요리사라는 직업을 예술가의 영역에까지 끌어올리겠다는 의욕을 가진 위대한 요리사일 뿐 아니라 이론가이기도 하여 많은 서적을 남겼다. 그는 여러 가지 맛을 조화롭게 배합하고 불필요한 재료나 조리법을 배제했으며, 현재의 프랑스 요리 틀을 형성하였다. 또한 A. 카렘의 후계

자인 유르반 뒤브아는 나폴레옹 시대인 19세기에 더운 음식과 찬 음식을 함께 서브하는 프랑스식 서브방법보다 코스로 음식을 서브하는 러시안식 서브방법을 프랑스에 도입하였다. 17, 18세기 초의 궁중요리는 귀족들만의 특혜였고, 서민들은 빵과 감자로 배를 채우는 데 급급했다. 그러나 프랑스 혁명 후 귀족사회의 붕괴로 인해 개인 소유의 요리사들이 거리로 나와 레스토랑을 차리게 되었고, 최초의 레스토랑인 '부용Bouillon'을 오픈한 요리사는 테이블보가 덮인 작은 테이블에 손님을 앉히고 자신이 만든 요리를 내놓아 큰 성공을 거두기도 하였다. 앤초비, 송로버섯 등과 같이 향이 강한 프랑스적 향신료가 나타났으며 버터는 프랑스 상류사회의 특징으로 여겨졌다.

현 대

요리사 A. 에스코피에는 프랑스 요리 발전에 큰 공헌을 하였다. 프로방스 출신인 그는 요리의 실질적인 향상과 영양의 문제를 받아들여 먹을 수 없는 장식 등을 폐지하고 요리를 근대화시켰다. 현재 레스토랑의 주방시스템을 창시하고 레스토랑 운영을 통합, 조정하여 운영하도록 시도하였다. 서빙 순서를 정하고, 주문지를 3장으로 만들어 주방, 웨이터, 캐셔에게 각 1장씩 가는 방식을 고안해냈다. 알랭 샤펠Alain Chapel은 '누벨퀴진Nouvelle Cuisine'이라는 장르를 개척하게 되었다. 누벨퀴진은 '새로운New Cuisine'이란 의미의 프랑스어로 1970년대에 등장한 요리법이다. 이는 향신료와 허브를 사용하고 재료 본래의 맛을 최대한 살리며 고기의 사용을 줄이고 야채를 많이 사용하는 저칼로리의 영양학적인 조리법이면서, 제철음식을 사용한 간단하고 빠르면서 소량의 음식을 예술적으로 담아내는 조리법이다. 특히 누벨퀴진은 재료를 구입하는 것뿐만 아니라 음식의 질감과 음식의 담음새, 즉 미각뿐만 아니라 시각효과 등에 세심한 주의를 기울이는 것이 특징이다.

프랑스 음식 문화의 일반적 특징

- 프랑스는 기후가 온화하며 농, 축, 수산물이 모두 풍부하여 요리에 좋은 재료를 갖고 있다. 따라서 프랑스 요리는 식재료를 충분히 살리고 합리적이며 고도의 기술을 구

사하여 섬세한 맛을 내는 데 중점을 둔다.

- 맛을 내는 데 있어서 전통적인 와인, 향신료, 소스가 중요한 역할을 한다. 특히 포도주는 육류요리에는 레드와인을 생선 요리에는 화이트와인을 사용함으로써, 요리에 맞는 음료 또는 주류를 곁들인다. 때로는 요리의 맛을 돋워주고 부드럽게 하기 위한 조미료로도 사용되며, 향신료의 경우 파슬리, 후추, 셀러리, 넛맥, 샤프란 등을 사용하고 이것을 3~4가지씩 섞어 특이한 새로운 맛을 창출한다.

- 프랑스에서는 식사 때마다 막 구운 따뜻한 빵을 사다 먹는 것이 생활의 일상적인 패턴이다. 빵집에서는 하루에 세 번 빵을 구워, 신선하고 맛있는 빵을 공급한다. 레스토랑에 가면 식사 전 빵이 나오는데 필요한 만큼 계속 먹을 수 있다. 프랑스인이 보통 먹는 바게트Baguette라고 불리는 길고 가느다란 빵은 1개의 무게가 250g으로 엄격하게 정해져 있다. 이보다 굵거나 가는 빵도 있으나 역시 기준 중량이 정해져 있고 값도 정부에서 정한 가격에 근거한다. 우리나라와 달리 값은 개당으로 하는 것이 아니라 무게로 책정된다.

- 프랑스 요리는 격조 높은 요리일수록 요리의 내용만큼 그릇의 선택이나 식탁의 조화를 중요시하는 테이블 코디가 큰 비중을 가지고 있고, 조화의 미美라고 할 만큼 조리에 있어 특별한 기술이나 재료의 종류가 중요시되는 것이 특징이다. 프랑스의 테이블 문화는 세공, 도자기, 섬유 예술이 전통문화를 중심으로 발전하기도 하였다. 식사 순서를 갖춘 격식 있는 식사예절도 프랑스 요리가 유명해지는 데 한몫을 차지하고 있다.

지역별 음식의 특징

일드프랑스Ile de France

파리의 중앙이며 파리를 둘러싸고 있는 지역이자 육상과 하천 교통로의 중심으로 여러 도시의 특산물로 음식을 만들 수 있다. 낙농제품 생산이 많아 생크림을 이용한 다양한 요리들이 많다. 베샤멜Bechamel 소스, 크렘 샹티이Creme Chantilly 등이 유명하다. 루브르 박물관 주변의 음식점들과 시내의 카페거리 건물 사이사이의 작은 레스토랑에는 파리 음식의 중심을 보는 것 같은 코스 요리와 이탈리아 음식 등 다양한 유럽의 요리가 있다. 특히 달팽이 요리와 스테이크, 부드러운 바게트빵은 이곳의 대표적인 음식이라 할 수 있으며, 미식가들의 고장인 파리에서는 육류 및 곡류, 야채를 각종 소스류와 함께 곁들여 먹는다.

북서 지역

노르망디 Normandie

프랑스 북부 해협의 깎아지른 듯한 절벽과 끝없이 펼쳐진 해안선, 비옥한 땅이 조화를 이룬 노르망디 지방은 해안에서는 어업이, 평야에서는 낙농업이 주요 산업이다. 르아브르는 요리의 기본 재료가 풍부하여, 음식이 다양하고 풍성하다. 우유, 버터, 크림 등의 유제품이 대량생산되는 곳이며, 양질의 닭고기, 오리고기, 새끼양의 살코기와 돼지고기 역시 유명하다. 사과주인 시드르Cidre는 수많은 요리의 기본 재료로 쓰이며, 이를 증류하여 만든 깔바도스Calvados는 식사를 끝낼 때 마신다. 크레페Crepe와 함께 먹어도 맛이 좋다.

브루따뉴 Bretagne

중심도시인 헨느를 중심으로 경제적인 발전을 한 도시이며, 노르망디 지방과 마찬가지로 파리에서 두세 시간 거리에 위치하며, 시드르Cidre를 생산하며, 그 외에도 디제스티프Digestif나 아페리티프Aperitif와 같이 마시는 꿀로 만든 술이 유명한 곳이다. 식사 때마다 달걀 후라이를 즐겨먹는데, 특히 우유와 달걀, 밀가루 등을 골고루 섞어서 간을 한 다음 후라이팬에 얇게 부쳐 각종 해물을 싸서 먹거나 갖가지 잼이나 초콜릿, 시럽 등을 발라 먹기도 하는 크레페 오 프뤼드 메르Crepes Aux Fruits De mer는 롤 모양으로 만들어 먹거나 2번 접어서 먹는다. 손님 접대 시에는 크레페 반죽을 즉시 만들어 놓고, 안에 넣어 먹을 재료는 따로 담아내어 직접 말거나 접어서 먹도록 한다.

북동 지역

알자스 Alsace

스위스와 독일의 국경 지역에 위치한 알자스 지역은 면적으로는 프랑스에서 제일 작은 지방이지만 와인산지로 유명하며 식도락의 고장이기도 하다. 국경지대에 위치해 있으면서도 알자스 전통을 이어나가고 있으며, 알자스의 작은 마을들이 모여 있는 아기자기하면서도 아름다운 지역이다.

프랑스 중 가장 비가 적게 오는 지역으로 곡물과 야채를 재배하는 광대한 평야와 포도가 잘 자라는 토질과 과수원이 있다. 또한 어류가 많이 생산되는 풍요로운 도시이며, 육류를 가공한 식품이 발달되었고, 특히 돼지고기의 가공품이 유명하다. 이러한 요리의 재료가 풍부한 환경이 이 지역을 요리의 본고장으로 알려지게 하였다.

화이트와인이 유명하며 특히, 게뷔르츠트라미너는 알자스 지역의 화이트와인으로 포도 생산 중 20%가 넘게 재배되는 와인이다. 음료수로 맥주와 브랜디 외에 과실주도 유명하며 디저트는 아주 다양하고 그중 구겔호프Kugelhopf라는 왕관모양의 빵은 알자스 상징물 중 하나이다.

부르고뉴 Bourgogne

포도주로 유명한 부르고뉴 지방은 프랑스 동부의 '황금의 골짜기'라 불린다. 부르고뉴 와인으로는 여성적이며, 섬세한 피노누아가 주요 품종이다. 이 지역은 하나의 품종만 생산하여 까다로운 와인 관리가 이루어지고 있으며, 프랑스 대표 와인산지이기도 하다. 여행객들의 길목이 되고 있는 아름다운 도시가 많으며, 노트르담 성당Eglise Notre-Dame이 있는 곳이기도 하다.

포도밭과 골짜기, 넓은 평원이 많은 고원에서 황소가 많이 사육되고 있으며, 프랑스에서 가장 질이 우수한 고기가 생산되는 곳으로도 유명하다. 디종 머스터드, 부르고뉴식 달팽이 요리, 꼬꼬뱅, 퐁듀 부르기니용 등이 이 지방의 특산물이다.

남서 지역

보르도 Bordeaux

부르고뉴와 함께 포도주의 최대 집산지이자 와인의 명산지로 알려진 보르도 지방은 기후와 토양조건이 포도재배에 완벽하고, 항구를 끼고 있어 와인의 제조와 함께 판매에도 적합한 지리적 조건을 갖추고 있다. 프랑스의 AOC급 와인의 26%가 보르도에서 생산되며 특히 레드와인의 생산이 많다. 소량의 화이트와인을 생산하는 소테른 지역의 스위트 화이트와인은 최상품으로 꼽히고 있다. 보르도 음식은 최고의 맛을 자랑하는데, 품질이 우수한 육류와 해산물 등 다양한 식재료로 만든 음식과 음료와 함께하는 여러 종류의 치즈와 소스는 식탁의 풍성함을 한층 더해 준다. 와인과 함께 프랑스 최고의 음식을 자랑하는 지역이다.

남동 지역

니스 Nice

요리에 올리브를 자주 쓰며, 그 외 다양한 종류의 가지나 호박을 비롯한 야채, 과일, 생선, 축산물이 풍부하다. 13가지 샐러드를 혼합하여 만든 샐러드인 '메스클랭Meschlin'과 건포도, 잣, 럼향을 넣어 만든 디저트 '블레트 파이Blette Pie'가 유명하다. 가지를 이용한 요리가 특히 많고, 니스 전통 가정식 요리인 라따뚜이Ratatouille는 야채를 스튜한 것이며, 감자와 치즈의 맛이 풍부한 뇨끼는 전통음식으로 유명하다. 또한, 싱싱한 해산물 요리가 많으며, 레몬을 곁들인 생굴Oyster 요리와 삶아서 건져먹는 홍합Mussel과 새우 등이 있다. 올리브 오일에다가 구워 먹는 우리나라의 전과 같은 모양의 솟카Socca와, 피살라디에레Pissaladiere가 있는데, 피살라디에레는 이탈리아식 파이처럼 두껍게 구운 것으로 멸치와 같은 생선류나 넛트류, 건포도 등 이 지역에서 주로 나는 재료들이 들어간다.

프로방스 Provence

프랑스 남부 지역은 타 지역의 음식보다 버터나 식용유의 사용이 적지만, 프로방스 지방은 올리브 오일을 많이 사용한다. 또한 마늘, 토마토, 가지, 양파, 피망, 올리브 등의 야채류의 사용이 많다. 프랑스 남부의 지중해와 접해 있는 프로방스 지방은 일 년 내내 따뜻한 기후로 풍요로움과 함께 열정적이고 개방적인 곳이다. 요리의 색채 또한 화려하고 강렬하고 진한 맛을 느낄 수 있다. 특히 남부 지역은 마늘을 거의 모든 요리에 사용하고 있다. 대표적인 요리로 부이야베스Bouillabaisse가 있는데, 이것은 지중해 연안에서 나는 토마토, 올리브, 마늘 등의 재료와 갖가지 해산물, 생선을 넣어 바다의 정취를 살린 수프 형식의 생선요리이다. 새우 등은 손으로 먹지만 그 외에는 생선용 나이프, 포크, 스푼을 이용하여 먹는다. 부이야베스는 마늘빵과 함께 제공되며, 해산물은 생선

국물을 베이스로 한 소스에 묻혀가며 먹고, 마늘빵은 수프와 번갈아가며 먹는다. 고급 식당에서는 가시가 많은 생선보다는 조리하기 쉽고 먹기 쉬운 새우, 조개, 생선회에 쓰이는 물고기가 나온다. 따뜻한 와인 뱅쇼Vin Chaud는 겨울철 추운날씨에 즐겨 마시는 음료로 길거리에서 쉽게 접할 수 있다. 또한 크레페Crepe는 밀가루를 이용하여 얇게 펴서 여러 가지 속을 넣고 둘둘 말아가며 굽는 간식이며 식사대용으로 할 때에는 고기나 생선, 야채 등을 넣어 푸짐하게 말아 먹는다.

리옹 Lyon

프랑스 제2의 도시인 리옹은 요리의 수도로서, 프랑스 미식이론의 중심지로 여겨진다. "런던에는 22종류의 감자가 있지만 리옹에는 22가지의 감자 요리법이 있다."란 말이 있을 정도로 리옹 지역의 요리는 전통적인 프랑스 음식을 대표하며, 일반적으로 생각하는 프랑스 음식의 대부분을 의미한다.

리옹출신 최고의 요리사 보퀴즈는 화려한 외양, 열량이 높은 음식보다는 식자재의 품질과 성질을 최대한 살리고, 신선도를 유지하는 것을 요리의 생명으로 꼽고 있다. 과거 르네상스 시대 이후 이탈리아로 통하는 관문이었던 리옹 지역은 지리적 이점을 최대한 살려 최고의 요리를 탄생시키는 계기를 마련했고, 파리의 미식전통을 능가하는 음식의 명가로 자리 잡을 수 있었다.

수많은 후식 중 뷔뉴Bugne라는 요리가 가장 유명한데, 이는 아카시아와 야생딸기의 꽃을 넣어 만든 튀김이다. 보퀴즈에 의해 리옹에서 처음 생겨난 VGE(발레리 지스카르 데스텡)는 당시 프랑스 대통령 이름의 첫 글자를 딴 송로버섯을 이용한 수프이다.

일상식

아침식사

프랑스의 아침식사는 간단히 크로와상 1~2개와 진한 에스프레소 커피에 뜨거운 우유를 섞어 만든 카페오레로 끝낸다.

점심식사

점심식사는 전채, 메인, 후식으로 된 3코스 정도를 먹는다. 약 2시간에 걸쳐 먹는데 음식에 포도주와 함께 달지 않은 음료를 곁들이고 식후에는 에스프레소나 차를 마시는 것으로 마무리한다.

전채로는 과일, 테린, 파테Pate를 먹고 주요리로는 햄 종류의 육가공품, 훈제연어 등을 먹고 야채, 곡류, 어류, 육류를 먹는다. 후식으로는 유제품, 파이, 무스 등의 단 음식이 있다.

저녁식사

하루 중 가장 풍성한 식사이며, 정통 프랑스 저녁식사는 12코스로 이루어져 있다. 야채, 생선, 육류, 곡류 등 디저트, 음료에 이르기까지 음식은 다양하다. 말하기를 좋아하는 가족 중심의 문화로 긴 시간에 걸쳐 식사를 하며, 특별한 날에는 작은 선물이나 편지가 쓰인 카드 등을 교환하기도 한다. 그러나 현대에는 비만인구의 증가와 웰빙 바람이 불면서, 디너 코스는 4~5가지 정도로 정통 코스에 비해 간소하게 먹고, 일상적인 저녁은 점심보다 가볍게 먹는 것이 일반적이다.

정찬코스

프랑스의 정찬코스는 전채요리인 오르되브르Hors D'oeuvre, 수프와 빵, 생선요리인 푸아송Poisson, 소르베Sorbet, 주요리, 샐러드, 디저트, 음료 등으로 구성된다.

오르되브르 Hors D′oeuvre

전채요리로 식사 전 식욕을 돋워주고 소화액 분비를 촉진시키며 모양은 작고 예쁘며 색이 잘 조화되어 있다. 차가운 전채로는 훈제돼지고기, 생굴, 연어 캐비어, 야채류 등이 있으며, 뜨거운 전채로는 에스카르고, 푸아그라, 생선, 육류 샐러드, 개구리 뒷다리살 등이 있다.

수프 Soup

주요리의 제1코스로서 콘소메Consomme는 닭고기나 소뼈를 우려낸 육수로 만든 맑은 수프이고, 생크림이 들어간 포타주Potage는 진한 걸죽한 수프를 뜻한다.

푸아송 Poisson

수프 다음에 제공되는 요리로 어패류, 갑각류 등 다양한 생선요리가 사용되며 식용개구리를 이 코스에서 제공하기도 한다. 소스로는 홀랜다이즈 소스, 콜베르 소스, 타르타르 소스, 모르네 소스 등을 곁들인다.

소르베 Sorbet

주요리 전이나 후에 나오는 것으로 과일 퓌레에 설탕, 와인, 술 등을 넣고 부드럽게 얼린 것이다. 프랑스 말로 셔벗을 의미하며, 이탈리아 말로 Sorbetto라고 한다. 우유의 첨가 여부에 따라 Sorbet와 Sherbet로 구분되는데, 상큼한 맛이 나서 입안을 정돈시키는 역할을 하며 주요리의 맛을 더해 준다. 보통 꼬냑이나 칼바도스를 위에 부어 먹는다.

주요리 Main Dish

생선요리인 앙뜨레Entree와 고기요리인 로스트Roast로 나누기도 하지만 현재는 한 가지로 줄여서 제공되며, 요리에는 야채나 곡류로 만든 음식이 함께 곁들여져 나온다.

샐러드 Salad

대체로 미국식 코스에서는 주요리 전에 제공되지만, 프랑스식 코스에서는 주요리가 끝난 뒤 입가심을 하기 위해 제공된다. 야채 위에 기호에 따라 육류나 생선 등을 얹어 먹으며, 소스에 따라 이름이 다르다.

디저트 Dessert

디저트로는 주로 달콤한 것이 나오는데 초콜릿이나 크리미한 치즈 또는 치즈요리인 세보리Savoury가 있다. 찬 후식으로는 아이스크림, 무스, 바바로와즈Bavaroise 등이 있으며 더운 후식으로는 크레페나 푸딩을 들 수 있다.

음료 Beverage

가장 마지막 코스에 제공되는 것으로, 커피에는 카페오레나 진한 에스프레소, 블랙커피 등이 있고 차Tea 종류에는 홍차가 있다.

특별식

크리스마스 Christmas

크리스마스에는 며칠 전부터 집안과 밖에 트리를 하고, 가족을 위한 선물을 준비하여 트리나무 밑이나 벽난로 위에 걸어둔다. 크리스마스 전날에는 교회나 성당에서 미사를 보는데, 하루 3번의 미사를 본다. 크리스마스 이브에는 푸아그라, 석화, 포도주, 통나무 모양의 크리스마스 케이크인 뷔슈를 먹고, 크리스마스 점심에는 칠면조, 양고기, 푸아그라, 치즈, 케이크 등과 샴페인을 함께 곁들인다.

주현절 Epiphany

1월 6일인 주현절은 공현절이라고도 하는데, 예수가 제30회 탄생일에 세례를 받고 하느님의 아들로서 공증을 받은 날을 기념하는 축절이다. 이날, 프랑스 북쪽 지방에서는 아몬드 크림을 넣은 갈레뜨Galette라 불리는 납작하고 노르스름한 빵을 나누어 먹는데 이 안에는 사기로 된 조그마한 조형물이 들어 있어 이를 발견하는 사람은 1년 내내 행운이 찾아온다고 믿는다. 이 사람은 금색으로 된 종이왕관을 머리에 쓰고 친구, 가족들의 축하를 받기도 한다.

대표 음식

에스카르고 Escargo

원래는 자연산이었지만, 요즘에는 수요가 많아 식용으로 키운 커다란 달팽이를 주로 이용한다. 달팽이를 데쳐서 마늘, 파슬리, 버터를 함께 껍질 속에 넣고 오븐에 구운 요리로 차가운 백포도주와 함께 먹는다. 주로 전채요리로 이용하고, 고단백 식품이므로 노약자나 성장기 어린이에게 좋다고 알려져 있다.

푸아그라 Foiè Gras

푸아그라는 '기름진Gras 간Foie'이라는 뜻으로 살찐 오리의 간을 말하며 거위 간을 뜻하기도 한다. 오리나 거위를 좁은 우리에 가둔 후 옥수수 등의 사료를 강제로 먹여 살을 찌운 후 간 크기를 원래의 5~10배가 되도록 키운다. 지방함량이 많아 부드럽고 입에서 녹는 맛이 일품인데, 다른 부재료와 섞어 파테Pate나 테린Tarrine으로 만들어 먹거나 그대로 구워 먹기도 한다. 전채요리에 쓰이며 크리스마스에 먹는 특별식이기도 하다.

트뤼플 Truffle

식탁 위의 다이아몬드라고 불리는 버섯으로 떡갈나무 숲의 땅속에서 자라 숲과 흙의 향이 배어 있다. 프랑스 남부 페리고Perigord 지방의 흑트뤼플Tuber Melannosporum을 비롯하여 이탈리아의 일부 지역에서만 생산되는 고급 식재료 중 하나이다. 숲의 땅속에서 자라 껍질이 두껍고 숲과 흙의 향이 베어 깊은 맛을 낸다. 보통 익숙한 돼지나 개의 후각을 훈련시켜 땅 속 5~30cm 사이에서 자라는 버섯을 찾아내는데, 이탈리아의 피에몬테Piemonte 지방의 백색 트뤼플을 최고로 친다. 채취한 트뤼플은 마르지 않도록 신문지에 쌓아 보관하며 거위 간 페이스트, 수프, 송아지고기, 바닷가재 음식 등에 이용한다.

부이야베스 Bouillabaisse

남부 프랑스의 항구 도시인 마르세유의 향토음식인 부이야베스는 우리나라 생선탕과 비슷한 음식이다. 양파, 마늘, 대파, 감자, 토마토 등을 올리브 오일로 볶다가 생선, 새우, 가재 등을 넣고 끓인 다음 수프와 생선을 따로 내놓아 먹는다.

쿠스쿠스 Couscous

프랑스 알제리가 식민 통치를 하면서 들여온 음식으로 좁쌀형의 세몰리나Semolina를 삶은 것과 호박, 토마토, 가지 등의 각종 야채, 양고기나 닭고기, 생선 등을 넣고 샤프란, 계피, 마늘 양념을 사용하여 장시간 끓여낸다. 매우 구수한 맛을 내는 것이 특징으로 소스에 아리사Harissa라는 고추를 넣어 먹기도 한다.

10가지 기본 조리 용어

로스팅roasting

육류나 가금류를 큰 덩어리로 자르거나 그대로 오븐에 굽는 방법으로 오븐에 넣기 전 고기의 표면을 시어(sear)하기도 한다.

소테saute

팬에 오일을 조금 첨가하여 볶는 조리작업이다.

심머링simmering

재료가 유동적이지 않을 정도의 불 세기로 천천히 조심스럽게 끓이는 방법이다.

블랜칭blanching

뜨거운 물과 같은 매개체로 재료를 빨리 데쳐내는 작업이다.

포칭poaching

오일이나 물을 섭씨 71~85도로 하여 재료를 천천히 익혀주는 습열조리방법이다.

글레이징glazing

설탕, 육즙을 졸여 주재료를 얇게 코팅시켜 주는 조리방법이다.

브레이징braising

덩어리가 크고 질긴 육류를 익힐 때 사용하는 방식으로 팬에서 시어(sear)한 후 스톡이나 양념을 넣어 천천히 익혀내는 방법이다.

베이스팅basting

고기를 익히면서 버터나 오일을 스푼으로 재료에 끼얹어 재료의 수분을 유지하고 익히는 데 도움이 되는 조리방법이다.

캐러멜라이즈caramelize

고기를 뜨거운 팬에 갈색이 되게 지져내거나 생선, 야채의 표면이 갈색이 나도록 지져낼 때, 보이는 재료가 갈색이 된 것을 말하며 파삭한 효과를 볼 수 있다.

콩피confit

오일을 조금 첨가하거나 재료 자체의 지방을 매개체로 하여 천천히 익혀 저장성을 좋게 하고 특유의 풍미를 갖게 하는 조리방법이다.

이탈리아
Italy

이탈리아는 유럽의 여러 나라들 중에서 오랜 기간 동안 수많은 자치도시와 지역 국가로 분열되어 있었던 복잡한 역사를 가지고 있다. 이러한 역사 때문에 각 지역마다 특유의 요리가 발달하였고, 특히 밀가루를 이용한 요리가 다양하게 발전하여 세계인의 입맛을 사로잡았다. 이탈리아는 삼면이 지중해로 둘러싸여 있고 북쪽은 알프스를 경계로 프랑스, 오스트리아, 스위스 등과 국경을 이루고 있어 유럽의 대표적인 자연과 문화를 지니고 있으며, 십자군 원정 이후 지중해 동부와 흑해의 교역권을 장악하여 제네바와 베네치아를 중심으로 도시가 발달하였다. 또한 풍부한 해산물과 지중해성 기후의 독특한 자연환경 덕분에 풍부한 식재료를 공급받으며 음식문화를 발전시킬 수 있었다. 뜨거운 음식들을 중심으로 육류와 빵이 발달하였고, 동물성 재료와 식물성 재료들의 이상적인 조화는 현대에 이르기까지 식문화의 전통을 잇게 한다.

역 사

고대 기원전 4000~330

이탈리아 요리의 역사는 그리스 식민지 문화가 예술을 대중화시킨 마그나 그레치아 Magna Grecia 지역에서 시작되었다. 고대시대 이탈리아의 일상 음식은 돼지고기, 절인 생선, 병아리콩, 루피너스, 올리브, 피클, 말린 무화과와 같이 간단한 것이었다. 그러나 파티음식은 수프, 아몬드와 호두가 곁들여진 과자류, 식초와 꿀이 있는 소스 등으로 풍부하고 다양했는데 이는 고대 로마인들이 '사치스러운 파티'라고 일컬었던 식사의 즐거움과 풍성함을 좋아했기 때문이다. 고대 이탈리아에 살았던 에스투리아인들은 현재 토스카나 지방의 기름진 지역에 적합한 곡물에 기반을 둔 간단한 식사를 하였다.

공화정 시대

공화정 시대의 로마인들은 검소한 식사를 습관으로 하는 수수한 사람들이었다. 그러다 공화정 시대 중 후반으로 가면서 이들의 식사문화는 세련되어졌다. 이들은 평소 아침식사와 점심식사의 중간 개념인 '플란디움Prandium'이라는 식사와 저녁식사 등 하루 두 끼만 먹었다. 그러나 점차 곡물, 꿀, 치즈 및 말린 과일 등으로 된 아침식사의 관습이 도입되면서 고정적으로 아침식사를 하게 되었다. 아침식사로는 주로 포도, 올리브, 달걀, 와인에 적신 빵을 먹었다. 식사에는 향기 좋은 와인과 과자류가 곁들여졌다.

중세 476~1600 초기~중기

5세기 이탈리아는 귀족의 권력이 약해지면서 노예의 수가 감소하였다. 이에 따라 음식문화에도 변화가 생기는데 식탁은 과거에 비해 빈약해지고 곡물과 우유, 치즈, 야채가 주식이 되었다.

그러나 수도원 근방의 주요 농업생산지를 중심으로 다시 요리기술이 부활하기 시작하였다. 이 시기 요리기술은 몸에 좋게, 입맛을 돋우고, 소화가 잘 되게 만드는 것이며 복잡한 준비과정을 없애고 신선한 과일과 야채를 중심으로 한 것이 일반적이었다.

중세 초기 이미 향료의 거래가 있었고, 십자군 원정과 의약품, 요리에 대한 수요가 많아진 이후 무역이 더욱 활발해졌다. 향료는 진기함과 높은 가격의 매력과 더불어 육류와 생선류를 장기간 보존하고, 음식 맛을 낸다는 실용적이고 중요한 특성을 지녔다.

봉건 시대(1200년경) 영주들의 생활은 상업과 사회적인 활동의 재개에 의해 자주 연회와 파티, 마상 시합을 열었다. 이런 파티 때마다 기사들은 볼품없고 일률적인 요리를 제공받았으며 또한 마늘 소스로 맛을 낸 구운 고기 종류가 많았다. 로마인들의 요리와 별 차이는 없었으나 향료가 다량 들어오면서 이국적인 향을 내기 시작하였다.

르네상스 시대에는 식문화에 있어서도 화려한 모습을 지니게 된다. 15, 16세기는 이탈리아 음식에 있어 풍요로운 시기였다. 이전 시대 요리에 대한 존경으로 음식이 다양하고 풍성해졌다. 음식에는 수프와 굽고, 튀기고, 삶은 육류와 고기를 다져 넣은 만두류, 생선, 야채, 샐러드, 아몬드가 들어간 과자류 등이 있었다. 또한 당시 비쌌던 사탕수수 설탕 대신 꿀을 사용한 음식도 많이 나타났다. 반면 일반 대중들의 음식으로는 콩, 병아리콩, 렌즈콩, 수프와 죽을 만들기 위한 달걀, 치즈, 양고기 등 여전히 소박한 식문화가 주를 이루었다.

중세 후기 ~ 17세기

16세기 이탈리아는 외국세력의 싸움터가 되었고, 17세기에는 상업으로의 변화에 의해 경제적으로 정체되었다. 그러나 중세 말부터 17세기까지 이탈리아의 요리는 여전히 최고의 위치를 점유하고 있었고, 외국에 현저한 영향을 주었다. 특히 카트린느 드 메디치Catherine De' Medici는 장차 왕이 될 앙리 2세와의 결혼으로 프랑스에 과자류와 아이스크림 등 이탈리아의 요리법을 대중화시켰다. 또한 처음으로 메뉴와 식사규칙이 인쇄되었고, 개인 식도(食刀)를 사용하게 되는 등 식탁에서의 예절이 발전하였다. 이탈리아 사람들은 유럽인들의 요리문화에 대한 교육자 역할을 하였다.

근세 1650~1830

17~19세기 이탈리아 상류층의 요리는 세련되었다. 샤크테리 오르되브르Charcuterie Hors D'oeuvre와 프랑스풍의 수프, 고기, 생선요리, 퓌레, 과자와 과일 범벅이 나왔고, 급속히 증가하던 레스토랑에서 이런 음식들이 제공되었다. 그러나 일반인들의 요리는 빵, 수프, 감자 등을 기본으로 하는 아주 검소하고 단조로운 형태로부터 발전되지 못하였다. 다만 밀가루와 달걀로 만든 파스타와 폴렌타로 인해 치즈와 달걀의 사용이 일반인들 사이에서 널리 퍼지게 되었다는 점이 중세 시대 일반인들의 식문화와 달라진 점이다.

또 다른 근세의 특징은 콘소메맑은 수프, Consomme, 크레페Crepres, 퓌레Purees, 젤리, 베샤멜 소스와 같이 많은 요리가 프랑스로부터 들어왔다는 점이다.

근대 1837~1901 ~ 현대

요리에 있어 융통성을 가진 이탈리아 요리는 조미료의 발달과 보관방법의 개선 및 도매상의 발전으로 기존의 제도를 개선하게 되었다. 이탈리아는 귀족적인 음식 문화의 전통과 외국 음식 문화를 발전시키는 나라로, 20세기 사람들의 생활상과 더불어 현대에 이르기까지 지속적으로 발전하고 있다.

이탈리아 음식 문화의 일반적 특징

- 이탈리아에서는 육류요리가 발달하였는데, 신선한 고기를 석쇠나 숯불에 굽거나 오븐에 구워 요리하거나 여러 소스로 맛을 낸다. 토끼고기를 즐겨먹으며 설탕, 식초, 건포도와 소나무 열매를 넣어 전골식으로 요리한 것에서부터 적포도주, 토마토 등을 사용한 북부의 조리법까지 다양한 방법으로 이용된다. 그리고 어린 양고기인 아바치오는 오븐이나 숯불에 구워 마늘과 로즈마리를 곁들여 먹는 것으로 봄철 기호 영양 식품이다.

- 대합조개는 조개류 중 가장 인기 있는 것으로 어느 지역에서나 수프와 소스에 사용된다. 로마에서는 봉골레, 베네치아에서는 카페로졸리, 제노바에서는 아르셀레, 피렌체에서는 텔린 등 다양한 이름으로 불린다. 이탈리아 사람들은 황새치에서 오징어에 이르기까지 모든 생선을 잡아서 생선을 튀기거나 토마토 소스를 곁들여 생선 요리에 다양하게 사용한다.

지역별 음식의 특징

이탈리아는 우리나라와 비슷한 형태의 지리적 여건을 가지고 있는데, 장화 모양의 반도와 시칠리아, 샤르데나의 두 개 섬으로 크게 나눌 수 있다. 북쪽으로는 프랑스, 스위스, 오스트리아와 접해 있으며, 북부는 비교적 고원지대라 열량이 높은 음식들이 발달해서 육류나 버터, 치즈, 햄 등의 영양이 풍부한 다양한 메뉴가 있으며, 소스도 주로 버터를 사용한 크림소스를 넣는다. 삼면이 바다로 둘러 쌓인 남부 지역은 해산물이 풍부해 해산물의 다양한 조리법이 발달했다. 날씨가 온화해 음식도 간단하게 조리하며, 파스타에는 향신료와 올리브를 많이 사용한다. 보통 남쪽보다 북쪽으로 갈수록 소스나 토핑재료가 풍부하고 다양해진다. 주농산물인 쌀이나 밀 등은 북부 지방에서 생산되며, 과일이나 올리브 등은 따뜻한 남부 지방에서 생산된다.

북부 지방

피에몬테 Piemonte

피에몬테 지역의 작은 마을 알바 지역에서 생산되는 송로버섯인 백색 트뤼플White Truffle과 바롤르Barolo 와인이 유명한데, 트뤼플은 피에몬테 지방에서만 자라며 흙냄새가 나고 마늘 같은 맛과 향이 있다. 고가의 버섯이기 때문에 대패로 깎은 것처럼 얇게 썰어 생선이나 소스, 샐러드 위에 살짝 뿌려 먹는다. 알프스 산맥과 접하는 서북부 지역인 피에몬테 지역은 스위스나 프랑스 등과 접해 있는 고원지대로, 대부분의 요리가 긴 겨울을 견디기 위해 푸짐하면서도, 실속 있는 저장성 있는 요리이다. 진하고 크림 같은 폰티나Fontina 치즈와 이를 이용한 폰두타Fonduta 요리가 잘 알려져 있다.

리구리아 Liguria

이탈리아 북부 지방이며, 항구도시가 있는 지방으로 바다와 인접하여 해산물 요리와, 프랑스 국경과 접해 있어 프랑스 요리가 조화를 이룬 작지만 큰 도시이다. 생선이 이 지역의 대표적인 음식이며, 해산물을 이용한 다양한 요리가 있다. 리구리아 사람들은 트리니트Trenitte라 불리는 파스타와 감자 뇨끼를 곁들인 야채 수프와 함께 페스토를 곁들여 식사한다. 제노바식 미네스트로네Minestrone 수프는 파스타와 야채를 넣은 걸쭉한 수프이다. 프랑스 부이야베스식의 생선 수프, 스튜 또는 안티파스토Antipasto가 제공된다. 농작물을 키울 수 있는 농토는 넓지 않으나 올리브 나무숲이 우거져 있어 이탈리아 최대 올리브 산지이며 제노바식 소스인 바질Basil, 올리브Olive, 마늘Garlic, 파르메산Parmesan 치즈, 페코리노Pecorino 치즈를 기본 재료로 만든 페스토Pesto : Basil-Garlic sauce의 원산지이기도 하다. 또한 아주 적은 양이 생산되지만 우수하며 정통적인 와인이 생산되는 지역이다. 레드와인으로는 로쎄체 돌체아쿠아Rossese Dolceacqua, 피가토Pigato, 베르멘티노Vermentino와 화이트와인으로는 발 폴체베라Val Polcevera, 친꿰 테레Cinque Terre 등이 있다. 양보다 질적인 상품을 고수하며, 100여종이 넘는 포도밭과 포도연구를 할 수 있는 소규모의 연구소가 많이 있는 곳이다.

롬바르디아 Lombardia

밀라노를 중심으로 하는 지역으로 알프스 산맥과 남쪽을 향해 계곡에 걸쳐 펼쳐진다.

대표적인 낙농지구이자 쌀의 주산지로 육류, 버터, 쌀을 이용한 요리가 많다. 중요한 특징으로는 스튜식의 뭉근히 끓이는 시간이 걸리는 조리법이 있으며, 육류음식의 경우 걸쭉하고 풍미 있는 소스로 여러 시간 조리하여 부드럽고 즙이 많다. 이탈리아 치즈의 42%를 이곳에서 생산하고 있으며 송아지를 선호하고, 송아지를 이용한 밀라노식 커틀릿, 샤프란을 넣은 리조또Risotto, 크리스마스 케이크로 유명한 파네토네Panettone가 특색 있는 요리로 알려져 있다. 또한, 그라나 파다노Grana Padano, 고르곤졸라Gorgonzola, 스타키노Stacchino, 마스카르포네Mascarpone 등이 유명한 산지이다.

베네토 Veneto

항구도시답게 외국과의 교역이 활발한 도시이며, 서양과 동양의 관문으로 알려져 있는 베네치아는 12가지 종류의 해산물로 만든 브로데토Brodetto라는 해산물 스튜가 유명하며 이외에도 바다와 관계가 깊은 생선요리가 뛰어나다. 모든 요리에 이국적인 향신료를 즐겨 쓰며, 일찌감치 외국으로부터 옥수수를 받아들여 경작하였고, 가루로 내어 죽으로 만든 폴렌타Polenta가 이 지역 전통요리로 알려져 있다. 아드리아 해안에 위치한 베네토 지방의 요리는 바다와 육지의 산물이 조화를 이루고 있고, 쌀을 이용한 다양한 수프와 올리브 오일, 포도주를 섞어 만든 콩요리가 많다. 이 지역에는 말린 대구 바칼라baccala를 이용한 요리와 오징어 갑갑류, 거미게 등 해산물을 이용한 음식이 있으며 맛있는 생선 수프가 있다.

중부 지방

토스카나 Toscana

토스카나 요리는 프랑스 요리의 원조가 된 메디치가의 음식문화를 지닌 지역이다. 햄, 멜론을 즐겨 먹으며, 딸기, 햄과 끼안티Chianti는 최고의 맛을 자랑한다. 풍부한 자연산물로 인해 프랑스 음식의 전통이 된 피렌체의 궁중 음식과 함께 피렌체 서민들의 소박한 재료들과 조리법으로 식품이 지닌 자연의 맛을 최대한 살려 요리한다.

토스카나투스카니 지방의 수도로 오랜 요리의 역사를 가진 피렌체의 음식은 담백하면서 올리브 오일이 기본이 된 산뜻하고 부드러운 맛이 특징이다. 자연산이 많아, 소박하고 소스 없이 나무나 석탄을 연료로 하여 요리를 가열하므로 자연의 향이 물씬 느껴진다.

피렌체는 시금치 같은 신선한 야채를 요리에 많이 이용하므로 시금치를 이용한 요리를 보통 피렌체식이라고 부른다. 버터와 파마산 치즈가 곁들여진 시금치 파스타Green Spinach Noodles가 유명하며, 피사의 포르치니 버섯Porcini Mushroom도 잘 알려져 있다. 또한 이 지역의 음식은 주로 송이버섯, 돼지고기, 간, 야채 등을 꼬챙이에 끼워 오랜 시간 구워 요리하는 것이 특징이다. 육류요리로는 꼬치에 고기를 끼운 후 석쇠에 올려 소금, 후추만으로 간하여 피가 없어질 때까지 구운 피렌체식 스테이크인 비스테카 알라 피오렌티나Bistecca Alla Fiorentina가 유명하다.

라치오 Lazio

수도인 로마를 중심으로 하는 지방으로 예로부터 정원의 싱싱한 야채와 목초지로 이름이 높은 곳이다. 치즈의 고장이라고 할 수 있는데 이 지역의 치즈는 페코리노 로마노Pecorino Romano로 파마산 치즈와 같이 갈아먹는 단단한 치즈가 있으며, 이 치즈로 요리한 부카티니 알라마트리치아나Bucatini All' Amatriciana라는 파스타 요리를 많이 먹는다. 로마풍의 음식으로는 관광지보다 도시 근교의 레스토랑에서 와인과 요리를 주로 맛볼

수 있으며, 전통적으로 다른 지방보다 다양한 야채와 육류를 섞어 사용한다. 아티초크와 브로콜리가 특산물이며 육류로는 새끼 양, 동물의 내장을 이용한 요리가 잘 알려져 있다. 양고기는 마늘과 로즈마리를 넣어 굽고, 쇠고기와 햄을 얇게 썰어 조리한 살팀복카Saltimbocca가 유명하고, 우리나라에도 잘 알려진 까르보나라 파스타가 대표적인 음식이다.

남부 지방

시칠리아 Sicilia

시칠리아는 이탈리아 최남단에 위치해 있는 자그마한 섬으로 해안선을 따라 참치나 정어리 같은 신선한 생선이 풍부하여 생선류나 해산물요리가 많고, 육류요리에는 새끼 양과 새끼 염소 고기를 주로 사용한다. 이 섬을 통해 파스타, 와인, 설탕이 전해져 이탈리아 요리의 고향이라고 부르기도 하는데, 아랍의 영향을 받아, 장미꽃물이나 오렌지 꽃물을 음식에 넣은 달콤한 후식이 많이 있다. 특히 정어리 파스타는 세계적인 맛을 내며 독특한 향을 가지고 있는데 이 지역의 무화과 또한 특유의 맛과 향으로 유명하다. 이외에 가지, 참치, 레몬, 잣 등을 이용한 요리가 많고 어업도 성행한다. 시칠리아 사람들이 좋아하는 간식으로는 토마토맛과 치즈맛이 나는 크로켓 속에 완두콩과 다진 고기를 넣어 만든 오렌지만한 큰 라이스 크로켓이 있다. 남부 지방에서 생산되는 리코타 Ricotta 치즈는 설탕, 오렌지 껍질을 갈아 넣고 만든 스펀지케이크와 비슷한 카사타 알라 시칠리아나Cassata Alla Siciliana의 사이사이에 넣는다.

깜파니아 Campania

세계 3대 미항 중의 하나인 나폴리와 까프리 섬으로 알려진 깜파니아 주는 남부 이탈리아의 대표적인 지방으로 이 곳에 이탈리아의 '요리의 수도'라고 일컬어지는 나폴리가 있다. 내셔널 지오그래픽National Geographic에서 선정한 '죽기 전에 꼭 가봐야 할 곳'으로 1위에 올랐던 나폴리는, 미식의 도시답게 자연에서 획득한 풍성한 식재료로 꾸미지 않은 순수함이 돋보이는 음식을 자랑한다. 피자의 발생지이기도 하며 아주 탄력 있는 흰 치즈 모짜렐라Mozzarella와 리코타 치즈, 프로볼로네Provolone 및 건면의 주산지이다. 모짜렐라는 열에 잘 녹아 피자에 얹어 사용하는 피자의 필수 재료이자 이곳의 특산물이며 프로볼로네는 여러 가지 모양으로 만들어져 거의 모든 코스에 애용된다. 고기는 양고기나 염소고기를 많이 먹는데, 이 지역은 육류가 비싸서 야채를 이용한 요리가 많다. 또한, 토마토 소스를 맨 처음으로 사용한 나폴리는 이탈리아 최대의 토마토 산지이다. 파스타를 요리할 때 주요 요리의 재료를 위주로 올리브 오일과 마늘을 이용하거나 콩을 혼합한 야채 소스 등 다양한 소스를 섞어 버무리는 비교적 간단한 방법으로 만들어 먹는 것이 나폴리식이다.

일상식

아침식사 콜라지오네, Colazione

아침 6~7시에 식사를 하는데, 이탈리아 사람들의 아침식사는 간단하다. 바Bar에서 아침식사를 하는 사람들은 카페오레나 우유가 들어 있지 않은 에스프레소를 마시는 경우가 많다. 에스프레소는 진하게 투샷을 즐겨 마시고, 간혹 빵을 먹는 사람이 있지만 작은 케이크 한 조각 정도로 간소하다. 커피 한 잔으로 아침을 해결하고 아이들도 우유와 비스킷을 먹는 것이 일반적이다.

스푼티노 Spuntino

너무 이른 시간에 음료로 아침식사를 대신하는 이탈리아인들이 오후 2시경에나 먹게 되는 점심식사까지 견디기가 어려워 아침식사와 점심식사 사이에 먹는 것이 스푼티노이다. 우리나라에서 10시쯤 일꾼들이 먹는 참과 같은 의미인데, 아이들은 학교 가는 길에 간식용 빵을 사가지고 가서 쉬는 시간에 스푼티노로 먹는다. 어른들도 오전 11시를 전후로 바에 나와 간단히 빵과 커피로 시장기를 채운다.

점심식사 프란조, Pranzo

대부분의 사람들은 집이 가까운 경우 오후 1시경 집으로 돌아가 온 가족이 모여 함께 점심을 먹는다. 점심시간은 3시간 정도이며, 라틴계 특유의 관습인 낮잠피졸리노, Pisolino 자는 시간까지 겸할 수 있어서, 점심시간이 유용하게 쓰인다. 따라서 일반적으로 상점들은 오후 1시경에 문을 닫고 오후 4시를 전후로 다시 문을 여는데, 대도시의 샐러리맨들은 그냥 직장 근처에서 점심을 해결하기도 하지만 자영업자나 중소도시 사람들은 가정에서 점심식사를 하는 것이 일반적이다.

메렌다 Merenda

오후 간식이라고 보면 된다. 점심을 먹고 난 후, 간단하게 먹는 음식이다. 오후 5시 무렵 거리의 피자집에서 피자를 먹거나 집에서 구운 케이크와 커피를 마신다.

저녁식사 체나, Cena

오후 일과가 끝나는 7시 이후 보통 8시 반 전후로 저녁식사를 하는데, 이탈리아 사람들은 온 가족이 다함께 식사하는 것을 중요하게 생각하므로 저녁식사 때 온 가족이 모여 정찬을 즐기는 경우가 많다. 이때는 보통 프리모 피아토→세콘도 피아토→돌체 또는 안티파스토→세콘도 피아토→돌체를 먹는다. 이때 와인은 빼놓지 않고 먹으며, 세콘도 피아토를 중심으로 메뉴를 골라먹는다.

안티파스토 Antipasto

전채요리로, 계절의 특산품을 잘 이용하여 식사 시작에 앞서 식욕을 당기는 요리를 말한다. 안티파스토에는 차가운 요리가 많은 것이 특징이지만 겨울에는 따뜻한 요리를 즐기기도 한다. 보통 한 가지 애피타이저를 제공하는 것과는 달리 안티파스토는 2~3가지에서 많게는 10가지가 제공되기도 한다. 가정에서는 돼지고기 넓적다리를 절이거나 훈제한 후 부르스케타와 멜론 위에 올려 먹는 프로슈또Prosciutto, 소시지, 올리브, 앤쵸비, 치즈, 육회의 일종인 카르파치오Carpaccio 등을 안티파스토로 먹고, 식당에서는 이외에도 삶은 송아지 고기를 차갑게 식힌 뒤 참치 마요네즈 소스에 버무린 비텔로 톤나토Vitello Tonnato나 버섯요리 등을 먹기도 한다.

프리모 피아토 Primo Piatto

'첫 번째 접시'라는 뜻으로 전식에 해당한다. 프리모 피아토는 야채 중심의 가벼운 것에서부터 고기와 어패류가 들어간 무거운 것까지 그 종류가 다양하다. 쌀을 볶아 먹는 리조또와 감자와 치즈를 이용하여 반죽한 뒤 먹기 좋은 크기로 떼어 삶는 한국의 수제비 형태인 뇨끼, 피자도 프리모 피아토에 속한다. 파스타, 리조또와 미네스트로네, 국물이 거의 없는 주빠Zuppa 상태의 수프류를 먹는다.

세콘도 피아토 Secondo Piatto

'두 번째 접시'라는 뜻으로 해산물이나 고기로 된 주 요리를 말한다. 샐러드나 로스트 포테이토, 강낭콩 등의 콘토르노Contorno가 세콘도 피아토에 함께 제공되는데 야채에 드레싱과 파르메산 치즈를 곁들인 시저Caeser 샐러드, 토마토와 모짜렐라 치즈로 만든 까쁘레제Caprese, 빵이 함께 나온다. 지방마다 독특한 세콘도 피아토 요리가 있고 조리법은 찜, 조림, 소테, 튀기는 것 등의 간단한 조리법을 이용한다.

돌체 Dolce

후식으로 디저트를 먹는 데에도 순서가 있는데 먼저 식후에 기호에 따라 치즈를 먹고 달콤한 파이, 과일, 케이크, 아이스크림 등의 디저트를 먹고, 커피나 식후주로 마무리한다. 치즈는 진한 맛의 고르곤졸라Gorgonzola와 부드러운 맛의 벨파에제Bel Paese가 있고, 마스카포네Mascarpone 등의 크림치즈는 딸기와 함께 먹는다. 식후주는 도수가 25~80도에 이를 만큼 독한 그라빠Grapa, 아모르Amore, 리몬첼로Limoncello 등을 주로 마신다. 젤라또Gelato라 부르는 아이스크림 등의 차가운 디저트는 이탈리아가 원조이다.

특별식

카니발

베네치아의 카니발은 사순절 금욕기간이 오기 전에 즐기는 파티이며, 과장된 치장과 가면을 쓰고 길거리를 활보하며 축제기간 동안 민속오락이나 황소사냥 등을 한다. 베네치아의 카니발은 과거 르네상스 시대와 로코코 시대 등의 귀족문화와 세련되고 고풍스러운 전통을 간직하고 있다. 이날은 산마르코 광장에 모여 가면과 개성을 발휘할 수 있는 메이크업으로 행사에 참여한다. 사순절이란 그리스도의 부활을 위해 자신의 기독

교적 신앙을 각성하고자 40일간의 절제기간을 갖는 것을 말하며, 이 기간 동안 육식을 금하므로 사순절이 되기 전에 집에 있는 고기를 다 먹어치운다는 의미에서 사육제라고도 불린다.

대표 음식

파스타 Pasta

이탈리아에서 파스타는 수프 대신에 먹는 것이 특징이다. 파스타란 밀가루를 반죽한 것인데 파스타를 원료로 하여 만들어진 식품의 총칭으로도 쓰인다. 건조한 파스타 중에는 스파게티, 마카로니, 탈리아텔레 등이 있고, 건조하지 않은 파스타로는 라비올리, 토르텔리니, 라자냐, 까넬로니 등이 있다.

- **스파게티** : 얇고 긴 국수형태의 파스타로 굵기에 따라 다양한 종류가 있음
- **라자냐** : 반죽을 판형으로 민 파스타로 라자냐, 소스, 치즈를 켜켜이 쌓아 요리한 것
- **라비올리** : 판형의 파스타 사이에 치즈, 간 고기, 새우, 야채 등을 넣고 만두처럼 속을 채운 것

파스타 요리는 미트meat 소스를 넣은 볼로냐식, 토마토 소스를 넣은 나폴리식, 달걀 노른자와 베이컨, 파마산 치즈를 곁들인 까르보나라, 모시조개를 사용한 봉골레, 마늘과 고추, 올리브 오일만을 사용한 알리오 에 올리오 페페론치노 등 다양한 종류가 있다.

- **볼로냐식Bolognese 소스** : 고기와 양송이, 양파를 다져 토마토를 넣은 붉은 소스
- **까르보나라Carbonara 소스** : 베이컨과 생크림을 이용해 만든 흰색 크림 소스
- **봉골레Vongole 소스** : 봉골레는 이탈리아어로 조개를 뜻하고 조개와 마늘을 주재료로 쓰는 나폴리식 소스
- **마레Mare 소스** : 홍합, 오징어, 새우 등 해물을 주재료로 하고 경우에 따라 연어, 조개, 패주, 생선 등의 해산물과 토마토를 넣은 소스
- **알리오 에 올리오 페페론치노Peperoncino 소스** : 마늘과 고추, 올리브 오일만 써서 만든 담백하고 매콤한 맛의 소스

11세기가 지나면서 나폴리에서는 빵의 형태가 다양해지기 시작했는데, 빵을 눌러 불에 구운 후 길게 자른 라가노Lagano라고 하는 것이 등장하였다. 이것이 오늘날 파스타라고 불리게 되었다는 설이 있다. 또한 이 시기에 나폴리에서는 길게 자르지 않은 둥근 형태의 납작한 빵 반죽을 불에 굽기 전에 색색의 다른 음식물을 첨가한 요리가 등장했는데 이것을 처음에는 피체아Picea라고 불렀다. 이는 후에 피자Pizza라고 불리게 되었다. 그러나 오늘날의 피자는 이탈리아의 남부 지역에서 고전 스타일의 피자, 즉 둥글고 납작하게 눌린 반죽 위에 양념을 하고 오븐에 요리한 것과 속이 가득 찬 파스타, 즉 깔조네Calzone를 함께 지칭한다. 파스타의 가장 간단한 식사 방법은 삶은 파스타 면을 접시에 담고 토마토 소스를 얹고, 그 위에 치즈를 곁들여 먹는 것이다.

피자 Pizza

피자는 그리스의 동그랗고 납작한 빵인 피타Pita빵에서 어원을 찾아볼 수 있다. 나폴리 사람들이 처음 만들었다는 설도 있고, 시칠리아 사람들이 아랍에서 받아들인 후 다시 나폴리 사람들이 수용했다는 설도 있다. 피자의 원래 아랍 이름은 이트리아Itrya이며, 아직도 시칠리아와 뿔리아 지방에서는 트리아Tria라는 이름으로 불리고 있다.

초기의 피자는 둥글고 납작한 밀가루 반죽 위에 소스를 얹어 장작 가마에 구워냈다. 토마토가 일상적으로 쓰이기 전의 피자는 베샤멜이나 크림소스에 토핑재료를 얹어 구운 서민적인 음식이었다. 나폴리에서 토마토 소스, 토마토, 바질, 모짜렐라 치즈를 넣고 피자를 만들어 마르게리타 왕비를 기쁘게 하기 위해 이탈리아의 3색기를 상징하는 피자를 만들어 애국심을 표현했고, 이 피자가 전국적으로 히트를 치게 된 마르게리타 피자가 되었다. 실제 이탈리아에서 유명한 피자집들은 주로 남부 지역인 로마, 나폴리 지역에 몰려 있다.

- **나폴라타나**Napoletana : 피자 반죽인 도우Dough 위에 앤초비를 토핑하여 만든 피자이다.
- **마르게리타**Margherita : 도우 위에 토마토, 바질, 모짜렐라 치즈로 토핑하여 만드는 피자로 가장 기본적인 피자이며 맛은 담백하다.
- **깔조네**Calzone : 밀가루 반죽 사이에 여러 가지 재료와 치즈를 넣고 반들 모양으로 겉을 싼 후 오븐에서 구운 전통적인 피자의 일종인 요리이다.

빵 Pane

이탈리아 사람들은 각 지방마다 다른 빵을 먹는다. 빵은 대체로 밀과 이스트만을 이용해 만들고 특히 중부 지방의 토스카나에서는 버터나 소금을 전혀 이용하지 않고 순수 밀가루와 이스트만을 사용하기도 한다.

- **토스카나 지방** : 소금을 넣지 않은 큰 타원형의 빵(빠네 토스카노Pane Toscano)
- **롬바르디아 지방** : 하드롤 같은 작고 동그란 형태의 빵(로제타Rosetta, 미케타Michetta, 포카치아Focaccia)
- **에밀리아 지방** : 롬바르디아 지방의 미케타와 비슷한 맛과 모양의 빵(미카Micca)
- **뿔리아 지방** : 크고 둥근 모양의 십자형으로 칼집을 내놓은 빵(시암벨라Ciambella)

리조또 Risotto

농업이 발달한 북부 이탈리아에서 발달한 쌀요리이다. 기름이나 버터에 쌀, 야채, 고기를 넣고 볶다가 포도주로 향을 내고 닭육수를 넣어 죽처럼 부드럽게 익혀 치즈가루를 섞어 먹는 요리로, 많은 재료들이 어우러져 깊은 맛을 낸다.

주빠 Zuppa

수프를 좋아하는 이탈리아 사람들은 다양한 종류의 수프를 만들어 먹는데, 맑은 수프는 식사를 시작할 때 먹고, 야채와 파스타를 넣어 걸쭉하고 진하게 만든 수프는 가벼운 저녁식사로 먹는다. 단, 수프는 파스타, 리조또와 함께 내지 않는다. 국물을 걸쭉하게 하기 위해 북부에서는 쌀을 넣고, 남부에서는 작은 모양의 파스타(아넬리니Annellini, 스텔리니Stellini, 콰드루치Quadruci, 파르팔리네Farfalline 등)를 넣기도 한다.

PART 2
요리 방법

01_스톡 Stock

스톡은 생선이나 고기나 갑각류로 끓이는 육수뿐만 아니라 야채로만 끓인 기본 국물까지 포함한다.

야채 스톡은 양파, 당근, 셀러리를 비롯한 월계수잎과 파슬리 줄기, 통후추 등의 향신, 향초를 재료로 끓여낸다. 사용 목적에 따라 다양한 재료로 끓일 수 있으며 같은 재료로도 볶아서 사용할 때가 있어 조리법에서도 차이가 있다.

서양 요리에서 사용되는 고기 육수는 주로 뼈를 오븐에 구워 기타 야채, 주로 미르포아Mirepoix를 같이 사용해 육수를 뽑아낸다.

이때 뼈의 핏물과 불순물 제거가 중요하다. 최종 결과물의 맛과 향, 색깔에 지대한 영향을 주기 때문이다. 따라서 뼈의 종류나 육수의 사용 목적에 따라 육수를 내기 전 찬물에 충분히 핏물을 제거하거나 끓는 물에 한 번 데쳐내어 핏물을 제거한다.

야채 육수로 불리는 쿠르 부용은 화이트와인 식초와 화이트와인을 첨가해 각종 해산물을 미리 조리pre-cook할 때나 데쳐낼 때 사용된다. 일반 물에 데쳐냈을 때보다 풍미가 좋으며 원래 맛의 손실이 적어 쿠르 부용을 사용한다.

빌 스톡 Veal Stock

▪▪송아지뼈와 미르포아 8시간

치킨 스톡 Chicken Stock

▪▪닭뼈와 미르포아 4시간

피쉬 스톡 Fish Stock

▪▪생선뼈와 미르포아 30분

쿠르 부용 또는 야채 스톡 Court Bouillon

▪▪각종 야채류와 미르포아 20분

야채 스톡Vegetable Stock

재료

양파 슬라이스 150g
당근 슬라이스 80g
대파 슬라이스 150g
토마토 다이스 80g
셀러리 슬라이스 80g
통마늘 1ea
물 2L
샐러드 오일
향초 주머니(사세 데피스Sachet d'epices : 검은 통후추 2g, 파슬리 줄기 4개, 월계수잎 1개, 통마늘 1개, 프레쉬 타임 3g)

만드는 법

1 스톡 포트stock pot에 샐러드 오일을 넣고 토마토를 제외한 모든 야채를 넣고 3~5분 스웨트sweat한다.
2 물을 붓고 향초 주머니와 토마토를 넣고 40~50분 심머simmer한다.
3 스톡이 다 되면 내용물을 체로 건져내고 소창에 천천히 걸러 맑게 끓여내고 식혀 둔다.

Stock

Tip!

- 스웨트(sweat)는 최소한의 오일을 넣고 야채가 포함하고 있는 수분으로 함께 천천히 익혀주는 형태로 소테(saute)와는 구별된다.
- 야채를 스웨트하면 야채에 있는 풋내가 사라지고 야채가 가지고 있는 단맛을 스톡에 녹여내기가 용이하다.
- 스톡을 끓일 때는 반드시 스톡 포트를 사용해야 하는데 이는 수분증발과 끓이는 시간과 아주 밀접한 관계를 가지고 있어 결국 스톡의 맛과 완성품의 양에 지대한 영향을 주기 때문이다.

쿠르 부용Court Bouillon

재료

양파 슬라이스 450g
당근 슬라이스 350g
월계수잎 1개
타임 1개
파슬리 줄기 10g
흰 통후추 5g
화이트와인 비네거 200mL
물 5L

만드는 법

1 흰 통후추를 제외한 모든 재료를 넣고 40분 심머simmer한다.
2 40분이 지나면 흰 통후추를 넣고 10분 더 심머simmer한다.
3 스톡이 다 되면 내용물을 체로 건져내고 소창에 천천히 걸러 맑게 끓여내고 식혀둔다.

Stock

Tip! 쿠르 부용은 스웨트(sweat)해서 만드는 야채 스톡과 달리 물에서 바로 끓여내어 야채 스톡보다 가벼운 맛을 가진다. 따라서 해산물을 데쳐낼 경우나 연어를 포칭(poaching)할 때도 사용한다. 이때는 해산물 또는 생선을 넣기 전 100mL의 드라이한 화이트와인을 부용에 더 첨가하여 사용하면 좋다.

생선 스톡Fish Stock

재료

흰살 생선뼈 500g
드라이 화이트와인 100mL
미르포아(모두 다이스 : 양파 300g, 당근 200g, 셀러리 100g)
물 3L
향초 주머니(흰 통후추 2g, 파슬리 줄기 4개, 월계수잎 1개, 통마늘 1개, 프레쉬 타임 3g)

만드는 법

1 생선뼈를 깨끗이 찬물에서 씻은 후 찬물에 30분 담가서 뼈 속에 있는 핏물을 제거한다.
2 스톡 포트에 1의 뼈를 넣고 미르포아 향초 주머니, 물, 화이트와인을 넣고 천천히 심머simmer한다.
3 30~40분 심머simmer를 계속하면서 떠오르는 불순물 거품을 수시로 걷어 낸다.
4 스톡이 다 되면 내용물을 체로 건져내고 소창에 천천히 걸러 맑게 끓여내고 식혀 둔다.

Tip! 생선 스톡을 끓일 때는 더욱 불 세기에 주의하여야 한다. 생선뼈에 있는 살은 연약하여 센 불에도 바로 용출되어 스톡이 뿌옇게 되기 때문이다.

치킨 스톡White Chicken Stock

재료

닭뼈 2kg

찬물 또는 리믈라쥬remouillage 또는 야채 스톡 6L

미르포아(모두 다이스 : 양파 300g, 당근 200g, 셀러리 100g)

향초 주머니(검은 통후추 2g, 파슬리 줄기 4개, 월계수잎 1개, 통마늘 1개, 프레쉬 타임 3g)

만드는 법

1 닭뼈를 찬물로 깨끗이 씻은 후 냄비에 뼈를 넣고 찬물을 부어 끓인다. 처음 끓기 시작하면 물을 버리고 뼈를 찬물에 헹구어 낸다.

2 스톡 포트에 1의 뼈와 물 또는 리믈라쥬를 넣고 미르포아 향초 주머니를 넣고 천천히 심머한다.

3 3~4시간 심머를 계속하면서 떠오르는 불순물 거품을 수시로 걷어낸다.

4 스톡이 다 되면 내용물을 체로 건져내고 소창에 천천히 걸러 맑게 끓여내고 식혀 둔다.

Stock

Tip!

- 치킨 스톡을 끓일 때 절대 센 불에서 끓이지 않는다. 센 불을 사용할 경우 뼈에 남아 있는 살에서 단백질이 과도하게 분해되어 스톡에 용해된다. 이럴 경우 치킨 스톡은 뿌옇게 되어 맑은 소스에 사용할 수는 없고 색깔이 진한 소스에 제한적으로 사용할 수밖에 없다.
- 리믈라쥬는 "다시 적시다."라는 불어로 한 번 스톡으로 끓여 낸 뼈(닭뼈, 소뼈 등)와 부산물에 다시 물을 부어 한 번 끓여 낸 스톡이다. 리믈라쥬는 일반 물을 사용할 때보다 더 진하고 부드러운 스톡의 맛을 기대할 수 있다. 송아지 육수를 끓일 때도 닭의 리믈라쥬를 사용하면 풍부한 맛을 더할 수 있다.

브라운 스톡Brown Stock

재료

소뼈 2kg
찬물 또는 리믈라쥬 또는 야채 스톡 5.5L
토마토 페이스트 180g
미르포아(모두 다이스 : 양파 300g, 당근 200g, 셀러리 150g)
향초 주머니(검은 통후추 2g, 파슬리 줄기 4개, 월계수잎 1개, 통마늘 1개, 프레쉬 타임 3g)

만드는 법

1 소뼈를 찬물에 하룻밤 두거나 흐르는 찬물에 2시간 이상 두어 핏물을 충분히 제거해 준 후 물기를 제거한다.
2 250도 오븐에 40~50분 소뼈를 구워낸다.
3 스톡 포트에 구운 뼈를 넣고 물을 붓는다. 오븐 팬에 기름을 버리고 물을 조금 넣고 데워서 데글레이즈deglaze해서 스톡 포트에 붓는다. 스톡 포트에 불을 켠다.
4 뜨거운 소테 팬에 오일을 넣고 미르포아를 진한 갈색이 나도록 15~10분 정도 볶는다.
5 4에 토마토 페이스트를 넣고 저어 주면서 볶아 신맛과 향을 날리고 스톡 포트에 물을 넣어 풀어준 후 야채를 스톡 포트에 모두 넣고 5~6시간 끓여준다.
6 향초 주머니를 스톡 포트에 넣고 1시간 더 끓여낸다.
7 스톡이 다 되면 내용물을 체로 건진 후 소창에 천천히 걸러내고 식혀둔다.

02_수프
Soup

수프는 농도가 묽은 수프와 짙은 수프가 있는데, 농도가 짙은 수프의 경우 인위적인 리에종Liaison을 넣어 농도를 짙게 한 것과 재료 자체를 갈아 만든 퓌레Puree 수프가 있다.

이탈리아, 프랑스 모두 농도가 짙거나 맑은 수프들이 지방마다 독특한 특색으로 존재한다.

맑은 수프

콘소메Consomme로 대표되는 맑은 수프에는 주로 쇠고기로 끓이는 비프 콘소메가 있으며 토마토 같은 야채로만 끓이는 토마토 콘소메도 있다. 콘소메의 경우 약한 불 조절과 불순물 제거가 핵심이다. 불을 약하게 사용하여 고기의 단백질이 풀어져 나오는 것을 최대한 저지하고 난백과 같은 재료로 국물 속에 흩어져 있는 불순물을 흡착시켜 맑게 만들어야 한다.

이와 같이 섬세한 작업을 유지하면서 국물에 재료의 맛을 충분히 녹여 나오게 기다리는 인내심이 필요하다. 충분한 맛을 위해 재료를 두 번 넣어 끓이는 더블 콘소메도 있으며 이를 통해 얻어진 맑은 수프를 융이나 시누아로 여러 번 걸러 완성한다. 콘소메 수프가 완성되면 어울리는 재료를 잘라 익혀 수프 접시에 담고 콘소메를 부어 완성한다.

농도 짙은 수프

주재료로 끓이면서 부재료로 우유나 크림, 버터 또는 루 또는 재료를 갈아 퓌레로 만들어 농도를 짙게 한 수프이다.

대표적인 크림 수프에는 전분이 많은 감자를 주재료로 하여 우유와 크림을 넣고 갈아 만든 크림 수프와 생선과 조개 등으로 우유와 크림을 넣어 만든 차우더 수프가 있다.

갑각류에 버터나 밀가루를 넣어 농도 짙게 익혀 끓여낸 비스퀴Bisque가 대표적이다.

퀴레 수프는 야채를 볶거나 다른 조리법으로 익혀 블렌더에 곱게 갈아 만든다. 때론 완성품에 우유나 크림을 조금 섞어 부드러움을 더할 때도 있다.

이탈리아 수프의 분류

미네스트라Minestra

기름기가 있거나 그렇지 않은 재료를 물 또는 스톡에 야채와 여러 가지 약간 단단한 재료를 덩어리 또는 조각으로 넣고 흰자를 준비해서 만드는 수프로 맑은 국의 의미이다.

미네스트로네Minestrone

미네스트라와 거의 비슷하나 여기에 감자나 콩과 식물을 첨가해 익혀 부드러운 죽 같은 것이 특징이다. 감자 또는 쌀을 따로 익혀 위와 같은 방법으로 준비한 미네스트로네에 첨가하기도 한다.

주빠Zuppa

단단한 빵과 같이 준비하거나 일반적으로 굳어진 재료와 밀가루를 함께 사용한다. 농도 높은 미네스트라와 같은 느낌이다.

비프 콘소메Beef Consome

재료(4인분)

다진 쇠고기 150g
양파 50g
당근 50g
셀러리 40g
토마토 1/2개
달걀 흰자 3개
블랙 통후추 5개
월계수잎 1개
정향 2개
비프 스톡 또는 치킨 스톡 2L

만드는 법

1 양파, 당근, 셀러리를 다진다.
2 양파는 팬에서 갈색이 나도록 볶는다.
3 달걀 흰자는 거품기로 풀어서 위의 **1**과 **2**를 넣고 다진 쇠고기를 넣고 섞어 준다.
4 스톡 포트에 비프 스톡을 넣고 **3**의 재료를 넣고 모든 향신료를 넣고 최대한 약한 불로 3~4시간 끓인 후 건더기를 체로 건져 버리고 소창에 걸러 낸 후 소금 간을 한다.

미네스트로네 수프Minestrone Soup

재료

호박 1/3개
감자(또는 고구마) 1/2개
당근 1/4개
양파 1/2개
대파 흰 부분 1개
보리쌀 20g
토마토 1/3개 또는 토마토 소스 50g(옵션 : 완두콩 같은 제철 콩류)
베이컨 1장
로즈마리 1줄기
이탈리아 파슬리, 파마산 치즈, 파마산 치즈 껍질
마늘, 소금, 후추, 엑스트라 버진 올리브 오일

만드는 법

1 호박, 감자와 당근, 양파, 대파 흰 부분을 작은 사각형으로 자른다.
2 냄비에 올리브 오일을 넣고 마늘 향을 낸 후 양파, 당근, 감자, 베이컨, 로즈마리, 보리쌀을 넣고 볶는다.
3 감자가 1/4 정도 익으면 나머지 야채를 넣고 볶는다.(재료가 마르지 않도록 볶으면서 야채 육수를 조금 첨가한다.)
4 3에 토마토 또는 토마토 소스, 파마산 치즈 껍질을 넣고 데운 후 야채 육수를 넣고 20분 끓인다.
5 파마산 치즈 껍질과 마늘, 베이컨은 제거하고 접시에 담아 파마산 치즈와 엑스트라 버진 오일과 다진 파슬리를 뿌린다.

Tip! 미네스트로네 수프는 계절이나 지역과 기호에 따라 들어가는 재료가 조금씩 상이하다. 이를 테면 작은 파스타나 쌀과 같은 탄수화물을 넣는 경우도 있으며 야채를 주재료로 하는 미네스트로네도 있다. 미네스트레(Minestre)는 맑은 국물에 야채와 곡류가 들어가 있는 농도가 옅은 수프이며, 미네스트레 알 라테(Minestre al latte)는 우유와 쌀과 같은 곡류를 넣고 끓이며, 주빠(Zuppa)는 빵이나 퓌레 수프처럼 농도가 짙은 죽과 같은 수프를 말한다.

크램 차우더Clam Chowder

재료(4인분)

다진 양파 100g
다이스 셀러리 100g
다이스 감자 200g
조개 180g
우유 300g
생크림 200g
버터 50g
밀가루 50g
소금, 후추

만드는 법

1 냄비에 다진 양파와 셀러리, 감자를 넣고 버터에 색깔이 나지 않게 볶는다.
2 **1**에 밀가루를 넣어 약한 불에 색깔이 나지 않게 볶는다.
3 우유와 생크림을 **2**에 넣고 잘 푼 다음 조갯살을 넣고 한 번 끓인 후 소금, 후추로 간을 한다.

감자 크림 수프Potato Cream Soup

재료

감자 500g
양파 100g
대파 흰 부분 50g
마늘 2개
파슬리 10g
치킨 스톡 400g
우유 400g
생크림 300g
식빵 1개
버터, 소금, 올리브 오일, 월계수잎

만드는 법

1 감자를 껍질을 벗겨 0.5cm 두께로 썬다.
2 식빵 또는 식사용 빵으로 크루통을 만든다.
3 대파 흰 부분과 양파를 4cm 크기로 다이스한다.
4 바닥이 두꺼운 팬에 올리브 오일과 버터를 넣고 마늘과 감자를 볶는다.
5 감자가 반 정도 익으면 **3**의 대파와 양파를 넣고 볶으면서 치킨 스톡을 조금씩 넣어가며 익힌다.
6 우유와 생크림 월계수잎을 넣고 재료가 완전히 익을 때까지 약한 불로 끓인다.
7 월계수잎을 건져내고 믹서에 갈아 다진 파슬리와 올리브 오일, 소금을 넣고 크루통과 함께 낸다.

Tip! 써머믹스(Thermomix)를 이용하여 100℃로 5분 갈아주면 벨벳과 같은 텍스처의 수프를 얻을 수 있다.

단호박 수프Pumpkin Soup

재료

단호박 500g
양파 200g
마늘 2개
치킨 스톡 200L
우유 1L
생크림 200mL
소금, 후추, 정향, 월계수잎
버터, 올리브 오일

만드는 법

1. 냄비에 버터와 올리브 오일을 넣고 통마늘을 넣어 향을 낸다.
2. 양파를 라지 다이스로 썰어 넣고 색깔이 나지 않게 익힌다.
3. 중간중간 치킨 스톡으로 냄비에 온도를 조절하고 야채의 색깔이 나지 않게 익힌다.
4. 껍질과 씨를 제거한 단호박을 **2**에 넣고 볶는다.
5. 우유와 생크림을 넣고 모든 재료가 완전히 익을 때까지만 익히고 소금, 후추로 간을 한다.
6. 정향과 월계수잎은 제거하고 믹서에 갈아 다진 파슬리와 크루통과 함께 낸다.

Tip! 써머믹스(Thermomix)를 이용하여 100℃로 5분 갈아주면 벨벳과 같은 텍스처의 수프를 얻을 수 있다.

아스파라거스 수프Asparagus Soup

재료

다진 양파 1개
버터 30g
아스파라거스 500g
야채 스톡 100g
다진 파슬리 5g
우유 200g
생크림 100g
마늘 1개
흰 후추, 올리브 오일

만드는 법

1 냄비에 버터와 올리브 오일을 넣고 마늘과 양파를 색깔 나지 않게 볶는다.
2 아스파라거스는 밑동을 제거하고 껍질을 벗겨서 머리 부분은 데쳐서 장식으로 사용하고 나머지는 잘라서 1에 넣고 야채 스톡을 함께 넣어서 익힌다.
3 다진 파슬리, 우유, 생크림을 넣고 익힌 후 믹서에 갈아 접시에 담아낸다.

Tip! 써머믹스(Thermomix)를 이용하여 100℃로 3분 갈아주면 벨벳과 같은 텍스처의 수프를 얻을 수 있다.

양송이 수프Button Mushroom Soup

재료

슬라이스 양송이 500g
다진 양파 100g
대파 흰 부분 50g
마늘 1개
파슬리 10g
치킨 스톡 450g
우유 300g
사우어 크림 150g
식빵 1개
버터 50g
밀가루 50g
소금, 올리브 오일

만드는 법

1 소스 팬에 양파와 양송이를 버터에 색깔 나지 않게 볶는다.
2 1에 밀가루, 소금, 후추를 넣고 볶다가 우유와 치킨 스톡을 넣고 2분 익힌다.
3 2의 불을 줄이고 사우어 크림을 넣고 약한 불로 익히다가 믹서에 간다.

Tip! 써머믹스(Thermomix)를 이용하여 100℃로 2분 갈아주면 벨벳과 같은 텍스처의 수프를 얻을 수 있다.

Soup

해산물 수프Seafood Soup

재료

양파 50g
셀러리 40g
토마토 콘카세Concasser 200g
새우 200g
홍합 8개
바지락 10개
치킨 스톡 1L
토마토 소스 150g
마늘, 타임, 월계수잎, 딜, 올리브 오일, 화이트와인

만드는 법

1 다이스한 양파, 셀러리와 마늘을 올리브 오일에 볶다가 새우, 홍합, 바지락과 화이트와인을 넣고 뚜껑을 덮어 해산물을 익힌다.
2 준비된 토마토 소스와 치킨 스톡을 붓고 월계수잎과 타임을 넣고 5분 끓인다.
3 월계수잎과 타임을 제거하고 접시에 담아 딜을 다져 뿌려낸다.

콘 차우더Corn Chowder

재료(8인분)

감자 1개
양파 1/2개
옥수수(알갱이만) 500g
생크림 400g
우유 1L
치킨 스톡 300mL
소금, 설탕, 올리브 오일

만드는 법

1 냄비에 올리브 오일을 넣고 슬라이스한 감자와 양파를 넣고 익힌다.
2 1에 옥수수를 넣고 우유와 생크림을 넣는다.
3 설탕과 소금으로 간을 하고 완전히 익힌다.
4 믹서에 갈고 치킨 스톡으로 농도를 맞춘다.

Soup

Tip! 써머믹스(Thermomix)를 이용하여 100℃로 4분 갈아주면 벨벳과 같은 텍스처의 수프를 얻을 수 있다.

랍스터 비스퀴Lobster Bisque

재료(4인분)

랍스터 600g
미르포아 600g(양파 300g, 당근 200g, 셀러리 100g)
감자 1개
마늘 2개
토마토 1개
토마토 소스 100g
바질, 타임, 치킨 스톡 500g
버터, 화이트와인, 소금, 후추

만드는 법

1. 랍스터는 야채 부용Bouillon에 데친 후 얼음물에 식힌다.
2. 식힌 랍스터의 살과 껍질을 분리하여 따로 준비한다.
3. 냄비에 랍스터 껍질을 넣고 화이트와인과 토마토 다이스, 토마토 소스, 마늘, 소금, 후추, 바질, 타임, 치킨 스톡을 넣고 천천히 1시간 끓여 랍스터의 맛을 뽑는다.
4. 냄비에 미르포아와 감자를 볶다가 **3**의 국물을 넣고 완전히 익힌 후 믹서에 갈아 체에 거르고 접시에 랍스터 살과 함께 담아낸다.

Soup

03_ 애피타이저 Appetizer

프랑스요리의 오르되브르hors d'oeuvre, 이탈리아 요리의 안티파스토Antipasto는 전채 요리를 의미하는 말이다. 이들은 식사 전 주메뉴를 먹기 전에 식욕을 촉진시켜 주는 역할을 한다. 따라서 애피타이저는 신맛과 짠 소금맛을 기타 코스 요리보다 강하게 해도 좋고 재료의 색감을 고려하여 재료를 선택한다.

때로는 두 가지 이상의 애피타이저가 제공되기도 하는데 이때 제공순서는 첫째, 온도를 우선원칙으로 하게 된다. 둘째, 애피타이저의 주재료가 무엇인가에 따라 선정된다.

예를 들면, 뜨거운 애피타이저보다는 차가운 애피타이저가 먼저 제공되고, 고기가 들어간 애피타이저보다는 생선이나 해산물이 먼저 제공되며, 해산물보다는 야채가 먼저 제공된다. 해산물이 들어간 따뜻한 애피타이저는 고기가 들어간 차가운 애피타이저보다 늦게 제공된다.

또한 육류나 해산물이 애피타이저로 제공되는 조리방식이 다양한데 특히 완전히 익히지 않고 재료의 신선함을 그대로 느낄 수 있게 제공되는 경우도 많다. 따라서 육류는 사용 부위와 선도를 중점 관리해야 하고, 해산물은 계절에 따라 자연적으로 독성을 가지는 경우도 많아 사용 시기를 잘 살펴보아야 한다.

소스Sauce

소스의 시작은 맛이 부족한 메인 고기나 생선의 맛을 보충해 주는 것에서 시작되었다.

이는 음식의 수분 보충과 유지를 통해 식감을 더욱 훌륭하게 한다. 1973년을 기준으로 전통적인 소스는 전통적인 요리로 분류할 수 있는 오트퀴진의 형태이고, 그후의 현대적 소스로 분류할 수 있는데 이는 요리계의 새로운 방향을 불러 일으킨 누벨퀴진의 영향이라고 할 수 있다. 누벨퀴진의 특징은 소스의 맛을 무겁게 만드는 루roux 대신 맑은 즙을 사용하고 졸여 농도를 내는 방법을 사용한다는 것이다. 위와 같은 소스들은 현재까지도 모두 상용되고 있으며 다만 각기 다양한 형태로 파생되고 응용되고 있다.

소스의 농도를 내주는 대표적인 농후제레이종, liaison는 다음과 같다.

- 빵가루bread crumbs
- 달걀 노른자egg yolk
- 전분starch
- 크림cream
- 피blood

물론 두 가지 이상의 재료를 섞어 만드는 농후제인 루roux나 뵈르 마니에beurre manie처럼 버터와 밀가루를 섞어서 사용하는 것도 있다.

드레싱Dressing

엄밀한 의미로 드레싱은 소스와 정확히 같은 의미이며, 이를 구분하는 사람들의 주장은 드레싱은 주로 샐러드에 곁들여져 제공되고, 열을 가하지 않은 것으로 특징짓는데, 이는 특별한 의미와 근거를 가지고 있지 않다. 따라서 서양 요리의 대표라 하는 프랑스, 이탈리아 요리에선 이 모두를 소스라 표현한다.

비네그레트Vinaigrette 소스

비네그레트 소스는 오일과 식초를 주재료로 하여 섞어 만든 에멀션emulsion 상태의 소스이다. 따라서 오일과 식초는 빠르게 다시 분리되어 사용할 때마다 흔들어 사용해야 한다. 오일과 식초의 비율을 3 : 1 기본으로 하는데 향신료를 첨가하여 향과 맛에 다양화를 이루기도 한다.

일반적으로 만드는 방법은 식초를 비롯한 수용성 물질을 먼저 섞은 후 오일을 조금씩 부어가며 거품기로 저어 소스를 만들며 사용하기 전 잘 흔들어 사용한다. 일부 비네그레트 소스에 야채 등을 작게 썰어 넣어 섞은 소스 또는 드레싱을 모두 '이탈리안 드레싱'이라 부르는 경우가 있다. 이는 이탈리아에서 주로 유화제가 들어가 있지 않은 에멀션 상태의 소스를 사용하기 때문에 이를 단적으로 표현한 말이며, 특정한 두 가지 에멀션 드레싱을 지칭하는 것은 아니다. 자칫하면 오일과 식초가 들어간 에멀션 상태의 드레싱을 모두 이탈리안 드레싱이라고 부르게 되는 오류가 생긴다.

마요네즈Mayonnaise 소스

비네그레트 소스 이외에 마요네즈 소스가 대표적인데 달걀 노른자의 레시틴을 이용해 식초와 오일을 섞어 평소에도 분리되지 않는 장점이 있다. 이렇게 만들어진 마요네즈를 기초로 향초나 향신료, 야채 등을 넣어 다양한 맛과 풍미를 만들 수 있다. 마요네즈를 만들 때는 다양한 오일을 사용할 수 있으며 사용 목적에 따라 오일을 선택한다. 하지만 다목적으로 사용할 때에는 오일 자체의 풍미나 맛이 적은 오일을 사용하는 것이 좋으며, 이는 첨가하는 재료의 풍미를 증가시킬 수 있는 방법이다. 주로 해바라기씨 오일이나 포도씨 오일, 카놀라 오일 등이 사용된다.

까쁘레제 샐러드Caprese Salad

재료(4인분)

모짜렐라 치즈 500g
완숙 토마토 400g
바질 6잎
루꼴라 80g
파마산 치즈 20g
화이트 발사믹 식초
엑스트라 버진 올리브 오일
소금, 흰 후추, 전통 발사믹 식초

만드는 법

1 토마토는 껍질을 제거하고 살만 떼내어 소금, 흰 후추, 엑스트라 올리브 오일과 바질을 뜯어 양념한다.
2 모짜렐라 치즈는 0.5mm 두께로 썬 후 소금, 흰 후추, 엑스트라 버진 올리브 오일, 바질로 10분 양념한다.
3 어린 루꼴라 잎을 떼어 화이트 발사믹 식초와 올리브 오일을 섞은 소스로 무친 후 접시에 담고 파마산 치즈를 얇게 슬라이스해서 담는다.
4 마지막에 전통 발사믹 식초를 몇 방울 떨어뜨려 준다.

Tip! 까쁘레제(Caprese)는 이탈리아 지명 중 중부 지방 깜파니아(Campania)의 까프리(Capri)에서 이름이 지어졌으며 '까프리 스타일'이라는 뜻이다.

Appetizer

시금치 샐러드Spinach Salad

재료(4인분)

시금치 300g
호두 100g
치즈(브리에 치즈 또는 토마 치즈 또는 페타 치즈) 150g
파마산 치즈 10g
건포도 30g
타임 6g

소 스

꿀 3Ts
겨자 3Ts
화이트 발사믹 식초 3Ts
엑스트라 버진 올리브 오일 12Ts

만드는 법

1 시금치를 깨끗한 물에 씻어 물기를 제거한다.
2 호두는 오븐이나 팬에 구워 작은 크기로 썬다.
3 치즈(반경성 치즈나 연성 치즈)는 3cm 크기로 썬다.
4 타임은 잎만 뜯어둔다.
5 건포도는 브랜디나 포도주스에 담갔다가 건져둔다.

소 스

겨자에 꿀과 화이트 발사믹 식초를 넣고 잘 저어 준 다음 엑스트라 버진 올리브 오일을 조금씩 넣어가며 저어준다.

완 성

1 씻어둔 시금치와 나머지 재료를 모두 섞은 후에 소스와 살짝 무쳐준다.
2 파마산 치즈를 뿌려준다.

파마산 치즈를 이용한 가지Parmigiana di melanzane

재료(4인분)

가지 4n
밀가루 30gr
올리브 오일 4mL
파마산 레지아노 치즈 120gr
모짜렐라 치즈 300gr
바질 5잎
토마토 소스 100mL
소금, 후추, 이탈리아 파슬리 약간

만드는 법

1 가지를 1cm 두께로 썰어 소금에 절인 후 수분을 제거한다.
2 가지에 밀가루를 살짝 바르고 오일에 노릇하게 굽는다.
3 모짜렐라 치즈도 잘게 썰거나 얇게 슬라이스한다.
4 오븐 팬에 올리브 오일을 살짝 바르고, 가지를 바닥에 깔고, 파마산 레지아노 치즈를 충분히 뿌린 후 모짜렐라를 그 위에 올린다.
5 위에 바질, 이탈리아 파슬리 다진 것을 뿌려준 후 다시 가지를 얹어 3번 정도 순서대로 반복한다.
6 180도 온도의 오븐에서 치즈가 녹을 정도만 구워준다.
7 접시에 담을 때 바질 페스토를 곁들여 주면 좋다.

Tip! 바질 페스토는 바질 100g+잣 20g+마늘 1개+해바라기 씨 오일 100g+파마산 치즈 100g 간 것을 넣고 핸드믹서로 간 후 엑스트라 버진 올리브 오일을 넣어 향과 맛을 낸 진한 페이스트이다. 때론 해바라기씨 오일 대신 엑스트라 버진 올리브 오일을 직접 넣는 경우가 많은데 핸드믹서로 갈 때 발생하는 열이 올리브 오일에 작용하여 맛의 밸런스를 깨므로 위에서와 같이 추후에 섞는 것이 바람직하다.

Appetizer

아란치니 디 리조Arancini di riso

재료(4인분)

쌀 200g
양파 1/2개
송아지 안심 50g
빵가루 300g
달걀 흰자 3개
밀가루 100g
파마산 치즈 100g
버터 50g
닭 육수, 올리브 오일, 소금, 후추

만드는 법

1 송아지 안심을 작게 썰어 올리브 오일과 소금, 후추로 간을 하여 살짝 볶아 둔다.
2 양파를 다져서 올리브 오일과 버터에 볶다가 쌀을 넣고 함께 볶는다.
3 쌀이 익을 때 닭 육수를 여러 번 나누어 넣어가며 리조또를 만든다.
4 리조또가 완성이 되면 불을 끄고 올리브 오일과 버터, 파마산 치즈 가루를 넣고 전체적으로 섞어 크림이 형성되게 만들어 식힌다.
5 식힌 리조또를 동그랗게 만들어 익힌 송아지 고기를 넣고 동그랗게 만든 후 밀가루를 무치고 달걀 흰자에 물을 조금 섞은 것에 담갔다가 고운 빵가루를 무친다. 이것을 냉동실에서 살짝 얼린 다음 다시 달걀 흰자와 빵가루를 한 번씩 더 무친다.
6 140도 튀김 기름에 튀긴 후 250도 오븐에서 다시 익혀 준다.

Tip! '아란치니'라는 말은 '작은 오렌지'라는 뜻으로 튀긴 모양에서 비롯되었다. 이탈리아 요리에서 사용되는 빵가루는 대부분 실제로 사용하는 빵으로 만들며 아주 곱게 갈아 사용한다. 또한 흰자에 물을 섞어 튀김옷을 만들면 얇게 만들 수 있다.

참치 타르타르와 아보카도Tartare di tonno con Avocado

재료(4인분)

참치 160gr
올리브 오일 100gr
토마토 150gr
아보카도 80gr
샐러드용 야채 30gr
차이브 20gr
레몬 2개
올리브 기름 50gr
소금, 후추, 발사믹 식초, 바질 다진 것

만드는 법

1 참치는 정사각형으로 썰어 놓는다.
2 레몬과 올리브 오일, 소금, 후추를 넣고 비네그레트 소스를 만든다.
3 소스를 참치에 섞어주고 차이브 다진 것도 넣어준다.
4 토마토는 정사각형으로 썰어서 소금, 후추, 올리브 기름과 바질 다진 것을 섞어준다.
5 아보카도도 썰어서 토마토와 섞어준다.
6 올리브 오일과 발사믹 식초를 가지고 소스를 만들어 놓는다.
7 접시에 원형 몰드mould를 놓고 참치를 놓고 토마토와 아보카도 섞은 것을 놓고 샐러드 야채로 장식한다.

Tip! 비네그레트는 기름에 식초, 즉 산이 보통 3 : 1로 고르게 퍼져 있는 에멀션 상태의 소스를 말한다. 따라서 다양한 오일과 사용하는 식초의 종류에 따라 다양한 종류의 비네그레트 소스가 탄생한다. 주로 사용할 수 있는 오일에는 엑스트라 버진 올리브 오일, 헤이즐넛 오일, 포도씨 오일 등이 있으며, 식초에는 레드와인 식초, 화이트와인 식초, 블랙 또는 화이트 발사믹 식초, 라즈베리 식초 등이 있다. 향신료와 유화 역할을 하는 것으로는 겨자나 야채 퓌레 등이 있다.

아스파라거스와 토마토 파마산 치즈를 곁들인 송아지 안심 까르빠초
Carpacio con aspargi, pomodori e parmigiana

재료(4인분)

송아지 안심 300g
레몬즙 1개
계절 샐러드
파마산 치즈, 엑스트라 버진 올리브 오일, 발사믹 식초
소금, 후추

만드는 법

1 송아지 안심은 약간 얼린 상태로 준비한다.
2 아스파라거스는 머리 부분을 잘라서 삶아 놓는다.
3 파마산 치즈는 감자 껍질 벗기는 칼로 잘라 놓는다.
4 엑스트라 버진 올리브 오일과 발사믹 식초를 넣고 거품기로 섞어 준 뒤에 레몬즙, 소금, 후추로 간하여 드레싱을 만들어 놓는다.
5 소스가 준비되면 송아지 안심을 아주 얇게 썰거나 기계를 이용해서 자르면 좋다.
6 준비해 둔 아스파라거스 머리 부분을 잘라놓은 안심으로 모양내서 감아주고 이쑤시개로 고정시킨 후에 작은 접시에 계절 샐러드를 깔고 그 위에 안심을 놓고 드레싱을 뿌려준다.
7 작은 용기에 한 입 크기로 모양내서 담아 주어도 된다.

토마토, 관자 브루스케타Bruschetta capesante con pomodoro

재료(4인분)

빵 4조각
토마토 100g
칼라마타 블랙 올리브 10g
관자 6개
통마늘 1개
엑스트라 버진 올리브 오일
소금, 후추, 바질, 이탈리아 파슬리

만드는 법

1 빵을 잘라서 오븐에 구운 후 마늘을 바르고 엑스트라 버진 올리브 오일을 뿌린다.
2 토마토는 칼집을 내어 끓는 물에 데쳐 얼음물에 식혀 껍질을 제거하고 자른다.
3 준비된 토마토와 다진 칼라마타 블랙 올리브와 바질, 다진 이탈리아 파슬리, 엑스트라 버진 올리브 오일, 소금, 후추로 양념한 후 1의 빵에 올린다.

Appetizer

Tip! 크로스티니(Crostini)는 'little toasts'라는 의미로 브루스케타보다 크기가 작은 것 이외에 다른 점은 없으며 때로는 브루스케타와 크로스티니의 경계가 모호할 때가 많다. 또한 곁들여지는 재료는 야채류부터 고기, 생선 등 다양하다.

포르치니 버섯 브루스케타Bruschetta con funghi porcini

재료(4인분)

빵 4조각
붉은 양파 100g
건포르치니 버섯 50g
통마늘 1개
로즈마리 1줄기
엑스트라 버진 올리브 오일
소금, 후추, 바질, 이탈리아 파슬리

만드는 법

1. 빵을 잘라서 오븐에 구운 후 마늘을 바르고 엑스트라 버진 올리브 오일을 뿌린다.
2. 붉은 양파는 슬라이스해서 올리브 오일에 로즈마리를 넣고 색깔 나게 천천히 볶는다.
3. 건포르치니 버섯을 미지근한 물에 30분 이상 불린 후 물기를 짜내고 통마늘과 함께 볶다가 다진 이탈리아 파슬리를 넣고 식혀둔다.
4. 볶은 양파와 포르치니 버섯, 다진 이탈리아 파슬리, 엑스트라 버진 올리브 오일, 소금, 후추로 양념한 후 **1**의 빵에 올린다.

프로슈또로 감싼 아스파라거스와 수란

Asparagi alla bismark

재료(4인분)

아스파라거스 2~3개
프로슈또(파르마산) 1장
달걀 1개
로즈마리 1줄기
바질 1잎
이탈리아 파슬리 1줄기
어린 잎 야채
엑스트라 버진 올리브 오일
소금, 후추, 식초, 화이트 발사믹 식초

만드는 법

1 아스파라거스 뿌리쪽 끝은 잘라내고 껍질을 벗긴 다음 소금물에 살짝 데친 후 얼음물에 식히고 물기를 제거한다.
2 데쳐낸 아스파라거스에 소금, 후추, 엑스트라 버진 올리브 오일, 로즈마리, 바질로 양념한다.
3 프로슈또를 잘라 준비해서 **2**의 아스파라거스를 감은 후 접시에 담는다.
4 끓는 물에 소금, 식초를 넣고 달걀로 수란을 만들어 아스파라거스 위에 담는다.
5 어린 잎 야채를 소금, 화이트 발사믹 식초, 엑스트라 버진 올리브 오일로 무쳐 접시에 같이 담는다.
6 다진 이탈리아 파슬리와 블랙 발사믹 식초를 뿌린다.

아보카도를 곁들인 게살 샐러드

Insalata di granchio e Avocado, Mango

재료(4인분)

게살 500g
아보카도 1개
치커리 10g
엔디브 1개
애플 망고 2개(없으면 일반 망고)
빨간 양파 1개
빨간 파프리카 1개
노란 파프리카 1개
레몬 2개
빵 1개
이탈리아 파슬리, 엑스트라 버진 올리브 오일, 씨겨자, 꿀, 소금, 후추

만드는 법

1. 파프리카 두 종류를 오븐에 굽거나 불로 겉을 태워 껍질을 제거하고, 채 썰어 둔다.
2. 치커리와 엔디브를 씻어 준비한다.
3. 빨간 양파는 채 썰어 얼음물에 식초를 넣고 10분 담갔다가 물기를 제거한다.
4. 빵을 썰어 팬에 구워 발사믹과 올리브 오일에 무쳐둔다.
5. 이탈리아 파슬리를 다진 것과 레몬즙에 소금과 후추, 씨겨자, 꿀을 넣고 엑스트라 버진 오일을 넣어 소스를 만든다.
6. 게살에 **1**, **2**, **3**, **4**를 넣고 **5**의 소스를 넣어 담아낸다.

지중해식 주꾸미와 검은 올리브 샐러드

Mediterranean Seafood Salad

재료(4인분)

중간 크기의 주꾸미 1kg
당근, 양파, 셀러리 400g
감자 250g
껍질콩 120g
검은 올리브 100g
이탈리아 파슬리 20g
통후추, 엑스트라 버진 올리브 오일
후추, 소금 약간

만드는 법

1 육수용 냄비에 당근, 양파, 셀러리, 통후추, 약간의 소금을 넣고 끓여 야채 육수를 낸다.
2 여기에 주꾸미를 넣고 약 3분간 익혀준다. 주꾸미를 체에 받쳐 물기를 빼내고 잘게 잘라 준 다음, 팬에 올리브 오일을 두르고 볶아낸다.
3 냄비에 물과 소금을 각각 넣고 감자와 껍질콩을 익혀낸 다음 식혀준다.
4 팬에 올리브 오일을 두르고 감자를 볶다가 이탈리아 파슬리 다진 것을 넣어주고 주꾸미, 껍질콩, 올리브를 넣어 볶아준다.
5 접시의 중앙에 감자를 잘라서 올려주고 주꾸미와 껍질콩 볶은 것을 곁들여서 완성한다.

농어 타르타르와 아보카도Tartare di branzino piccoli con Avocado

재료

흰살 생선 80gr
엑스트라 버진 올리브 오일 30gr
토마토 50gr
아보카도 20gr
샐러드용 야채 10gr
실파 1개
레몬 1/2개
케이퍼 5개
양파 1/5개
바질 1잎
발사믹 식초 조금, 소금, 후추

만드는 법

1 생선은 작게 썰어 다진 양파, 가늘게 썬 실파, 소금, 후추와 섞는다.
2 레몬즙과 올리브 오일을 **1**에 넣고 섞는다.
3 토마토는 정사각형으로 썰어서 후추, 소금, 올리브 오일과 바질 다진 것을 섞어준다.
4 아보카도도 썰어서 토마토 콩카세와 소금, 후추, 올리브 오일을 섞어준다.
5 올리브 오일과 발사믹 식초를 가지고 소스를 만들어 놓는다.
6 접시에 **1**의 생선을 놓고 토마토와 아보카도 섞은 것을 놓고 샐러드용 야채로 장식한다.

04_ 파스타
Pasta

'파스타'란 이탈리아어로 'Pasta'이며 그 뜻은 '반죽하다'라는 의미이다. 즉, 밀가루나 전분, 감자 등으로 반죽한 음식을 말한다.

파스타는 건파스타Pasta Secchi와 생파스타Pasta Fresca로 구분할 수 있다. 건파스타는 일반 소매점에서 구입하는 것으로, 공장에서 생산, 건조가 모두 되어 제품으로 나온 파스타를 의미한다. 반면 생파스타는 손으로 직접 반죽하여 만드는 방식이다. 특히 파스타 반죽에 쓰이는 밀가루는 세몰리나라는 듀럼밀로 만든 밀가루를 사용하는데 건파스타는 주로 세몰리나 100%와 물로 반죽한다. 하지만 생파스타는 세몰리나와 일반 강력분, 물, 달걀, 우유 등으로 반죽한다. 앞에서 열거한 모든 재료가 모든 생파스타를 반죽할 때 쓰이는 것은 아니다. 단적으로 강력분과 세몰리나를 섞어 사용할 때도 각자의 노하우와 식감연출에 따라 달라진다. 세몰리나 배율이 높을수록 끈기와 찰기의 식감보다는 뚝뚝 끊어지는 식감을 느낄 수 있다.

세몰리나와 강력분의 배율만큼 생파스타 반죽에서 주목할 만한 재미있는 현상은 달걀과 물의 비율이다. 사실 이탈리아 남부 지방으로 갈수록 달걀보다는 물의 비율이 많아진다. 심지어는 물만으로 반죽하기도 했었고 이탈리아 북부로 갈수록 달걀의 비율이 높아지고 때론 노른자만으로 반죽하기도 한다. 이는 예전부터 부귀했던 북부 지방의 음식모습을 보여주는 단적인 예이다. 이에 비해 그리 풍족하지 못했던 남부에선 물만으로 반죽했던 것이 지금 각 지방의 특성이 된 것이다.

앞서 언급한 강력분, 세몰리나 이외에도 감자를 으깨어 강력분과 달걀로 반죽한 뇨끼Gnocchi는 기존의 파스타와는 아주 다른 식감을 느끼게 해주는 파스타이다. 으레 파스타라고 하면 기다란 면, 주로 스파게티나 링귀니 정도를 떠올릴 것이다. 하지만 파스타는 시대와 사회환경에 따라 끊임없이 현재까지도 진화, 발전하고 있다. 따라서 파스타의 모양도 계속 다른 새로운 모습으로 탄생하고 있다.

또한 생파스타 중에는 '파스타 리삐에니Pasta Ripieni'라고 하여 파스타 반죽에 각종 속재료를 채워 넣어 빚어 만드는 파스타가 있다. 이는 만드는 사람이 자신의 개성을 반죽과 속재료에까지 모두 채워넣어 매우 개성이 넘치는 생파스타 중 하나이다. 하지만 현대에 와서는 이런 파스타도 공장에서 대량으로 만들어 유통한다. 그러다 보니 저장과 유통에 집중하여 맛이 생파스타에 비해 현저하게 떨어진다. 파스타 리삐에니에서 가장 대표적인 파스타는 라비올리이다. 굳이 우리나라식으로 표현하자면 이탈리아식 만두라고 할 수도 있겠다. 생파스타 반죽식 파스타의 색깔을 내기 위해 시금치, 토마토 페이스트, 오징어 먹물 등이 사용된다.

파스타의 이름은 주로 파스타의 모양이나 유래에 따라 지어진다. 우리가 잘 알고 있는 스파게티는 'spago di magiabile'의 합성어로 '먹을 수 있는 실'이라는 뜻이며, 파르팔레는 나비라는 뜻이며, 펜네는 펜이다.

파스타 모양이 중요한 의미를 가지는 것은 소스와의 매칭이다. 즉, 소스에 덩어리가 있어 면과 같이 먹을 때 기다란 파스타보다는 펜네와 파르팔레처럼 파스타의 굴곡이 있는 것이 좋은데 파스타 면에 소스와 덩어리가 잘 묻어나게 하기 위해서이다.

파스타 면과 그에 어울리는 소스는 어느 정도 체계화되어 있다.

제노베제 바질 페스토 파스타Pasta al pesto Genovese

재료(4인분)

바질 100g
잣 10g
마늘 1
토마토 1개
링귀니 면 400g
파마산 치즈 100g(옵션 : 페코리노 로마노 치즈를 같이 써도 좋다)
엑스트라 버진 올리브 오일 200g
소금

만드는 법

바질 페스토

1 바질과 다진 마늘, 으깬 잣, 올리브 오일 100g을 넣고 핸드 믹서기(돌절구 사용 가능)로 갈아주면서 남은 올리브 오일을 더 첨가해 준다.
2 1에 간 파마산 치즈와 소금을 넣고 곱게 갈아준다.

완 성

1 링귀니 면을 소금물 7~8분 삶아 물에서 건져 위의 페스토와 섞어준다. 단, 농도가 짙을 경우 스파게티 삶은 물을 조금 넣어 농도를 맞추고 엑스트라 버진 올리브 오일을 마지막에 넣고 섞는다.
2 토마토는 뜨거운 물에 데쳐 얼음물에 식혀 껍질을 제거하고 작게 썰어 올리브 오일과 소금으로 간하여 파스타 위에 올려준다. 또는 토마토 콩피를 올려도 좋다.
3 파마산 치즈를 뿌린다.

Tip! 제노베제로 불리우는 바질 페스토 소스는 '제노바식'이라는 뜻으로 그만큼 이탈리아의 요리가 지방 특색이 강하다는 걸 알 수 있다. 바닷바람과 제노바의 토양에서 자란 제노바 바질은 향이 진하고 맛이 좋아 페스토(페이스트의 이탈리아어)를 만들어 파스타에 직접 사용한다.

해산물 토마토 스파게티Frutti di mare con spaghetti

재료(4인분)

스파게티 400g
방울토마토 500g
양파 100g
마늘 1개
모시조개, 홍합, 새우, 갑오징어
화이트와인, 소금, 후추
엑스트라 버진 올리브 오일, 바질

만드는 법

1 양파를 올리브 오일에 볶다가 자른 방울토마토를 넣고 토마토 소스를 만든다.

2 팬에 오일을 넣고 마늘을 넣고 양파를 볶다가 해산물을 넣고 후추, 화이트와인을 넣고 뚜껑을 덮어준다.

3 **2**에 **1**의 소스를 넣고 삶은 스파게티를 넣고 소금, 바질과 오일을 섞어준다.

까르보나라 스파게티Spaghetti alla carbonara

재료(4인분)

스파게티 400g
베이컨 200g
달걀 노른자 2개
우유 400g
페코리노 로마노 치즈(양젖 치즈) 또는 파마산 치즈 50g
검은 후추, 소금, 이탈리아 파슬리

만드는 법

1 뜨거워진 팬에 오일을 적게 넣고 베이컨에 검은 후추를 넣고 노릇하게 볶는다.
2 파마산 치즈와 우유, 달걀 노른자, 검은 후추를 미리 잘 섞어준다.
3 **1**과 **2**를 불 없이 섞어준다.
4 뜨거운 스파게티 면을 소스에 넣고 버무리고 농도는 우유로 조절한다.
5 다진 파슬리를 뿌린다.

Tip! 까르보나라 파스타는 소스로 소량의 우유와 노른자를 사용하고 파스타에 검은 후추가 석탄처럼 뿌려져 있어 지어진 이름의 파스타로 까르보나라 하면 크림 소스의 파스타를 연상하게 되는데 우리가 알고 있는 까르보나라는 여러 나라를 거치면서 변형된 형태이다.

버섯을 곁들인 루마코니 그라탕Lumaconi gratinati con funghi

재료

루마코니 8개

속

버섯 100g, 실파 5g, 토마토 소스 20g, 파마산 치즈 30g, 이탈리아 파슬리, 올리브 오일

베샤멜 소스

밀가루 50g, 버터 50g, 우유 500mL, 소금, 후추, 넛맥

단호박 소스

단호박 100g, 소금, 후추, 야채 스톡, 올리브 오일

만드는 법

루마코니 파스타는 끓는 물에 소금을 넣고 12분 삶은 뒤 오일을 바르고 식혀 놓는다.

속

1 팬에 올리브 오일을 두르고 실파를 볶아 준 뒤에 버섯을 넣고 이탈리아 파슬리 다진 것을 넣어 맛을 낸 뒤 소금, 후추로 간한다.
2 토마토 소스, 파마산 치즈를 넣어준다.

베샤멜 소스

1 냄비에 버터를 녹인 후 밀가루를 넣고 천천히 볶는다.
2 1에 우유를 넣어 잘 풀고 소금, 후추, 넛맥을 넣은 후 끓으면 불을 끈다.

단호박 소스

1 단호박은 손질한 뒤에 오븐 160도에서 25분 정도 익혀준다.
2 익힌 단호박과 올리브 오일, 야채 스톡을 불에서 익혀준 뒤, 믹서기에 갈아서 농도를 조절한 뒤 뜨겁게 보관해 놓는다.

완 성

1 준비된 속재료를 루마코니에 채우고, 오븐용 그릇에 베샤멜을 바르고 루마코니를 담아준 뒤 베샤멜 소스와 파마산 치즈를 뿌려서 오븐 180도에서 7~10분 정도 그라탕해 준다.
2 오목한 접시에 호박 크림을 깔고 그라탕한 루마코니를 놓고, 볶아 놓은 버섯과 파마산 치즈를 곁들여 담는다.

볼로네제 파스타Pasta alla Bolognese

재료

쇠고기 500g
돼지고기 250g
토마토 1개
양파 1/2개
마늘 1개
로즈마리 1잎
타임 1잎
레드와인 100mL
실파 또는 대파 1개
원하는 파스타 종류 300g(펜네나 링귀니)
소금, 후추, 버터, 파마산 치즈, 엑스트라 버진 올리브 오일

만드는 법

볼로네제 소스

1 쇠고기와 돼지고기를 0.5cm 이하 주사위 모양으로 썰어 소금, 후추로 간을 한다.
2 뜨거운 팬에 오일과 버터를 넣고 쇠고기와 돼지고기를 차례로 볶아준다.
3 바닥이 두꺼운 냄비에 엑스트라 버진 올리브 오일을 넣고 다진 양파, 마늘, 파를 넣고 **2**의 볶은 고기도 넣은 후 불에서 볶는다.
4 바닥이 누를 정도가 되면 레드와인을 넣고 바닥을 일으켜준다.
5 **4**에 토마토를 잘라 넣고 뚜껑을 덮고 2시간 동안 천천히 익힌다.

완 성

소금물에 파스타를 원하는 정도로 삶은 후 준비된 소스와 함께 버무리고 파마산 치즈와 엑스트라 버진 올리브 오일을 뿌린다.

홈메이드 리코타 치즈와 시금치를 곁들인 까넬로니 파스타

Cannelloni ricotta e spinaci

재료

생면 반죽

강력분 250g, 세몰리나 가루 100g, 달걀 2개, 노른자 1개, 물 30g, 소금, 올리브 오일

베샤멜 소스

밀가루 50g, 버터 50g, 우유 500mL, 소금, 후추, 넛맥

속

리코타 치즈 350g, 시금치 400g, 파마산 치즈 70g, 달걀 1개, 엑스트라 버진 올리브 오일

만드는 법

생면 반죽

1 강력분, 세몰리나, 소금을 잘 섞은 후 가운데에 달걀, 올리브 오일, 물을 넣고 손반죽한다.

2 냉장고에 20~40분 휴지시켜 준 후 밀대로 밀어 끓는 물에 1분 데치고 얼음물에 식혀 물기를 제거한 후 10×10cm로 자른다.

리코타 치즈

1 우유와 생크림, 소금을 넣고 천천히 데우다가 레몬즙을 넣고 데운다.

2 커드가 형성되면 면보에 담아 6시간 정도 유청을 제거한다.

베샤멜 소스

1 냄비에 버터를 녹인 후 밀가루를 넣고 천천히 볶는다.

2 1에 우유를 넣어 잘 풀고 소금, 후추, 넛맥을 넣은 후 끓으면 불을 끈다.

속

1 시금치는 소금물에 데쳐서 물기를 제거하여 썰어준다.

2 만든 리코타 치즈와 간 파마산 치즈, 달걀 1개, 엑스트라 버진 올리브 오일, 소금을 넣고 잘 섞는다.

완 성

준비된 까넬로니에 속재료를 담아 말아준 후 베샤멜 소스를 얹어 250도 오븐에 구워낸다.

리코타와 시금치를 넣은 라비올리Ravioli ricotta e spinaci

재료(4인분)

생면 반죽

강력분 250g, 세몰리나 가루 100g, 달걀 2개, 달걀 노른자 1개, 물 30g, 소금, 올리브 오일

라비올리 속

리코타 130g, 파마산 치즈 20g, 데친 시금치 30g, 생시금치 40g, 빵가루 30g, 넛맥 약간, 소금, 후추

완 성

토마토 소스, 바질, 소금, 후추

만드는 법

생면 반죽

1 강력분, 세몰리나, 소금을 잘 섞은 후 가운데에 달걀, 올리브 오일, 물을 넣고 손반죽한다.

2 냉장고에 20~40분 휴지시켜 준다.

3 밀대로 밀어 칼로 썬다.

라비올리 속

1 데친 시금치는 물기를 꼭 짜서 준비하여, 생시금치와 함께 칼로 잘게 잘라 놓고, 리코타, 파마산 치즈, 빵가루, 소금, 후추, 넛맥과 함께 잘 섞어서 속을 만든다.

2 반죽을 얇게 밀어 펴 놓은 다음 준비해 둔 속을 얹고, 또 한 장의 반죽을 얹어 덮은 다음 정방향의 모양으로 원하는 크기로 잘라낸다.

3 끓는 소금물에 라비올리를 약 3분간 삶아낸다.

완 성

따뜻한 토마토 소스에 삶은 라비올리 넣고 섞은 후 바질과 파마산 치즈로 마무리한다.

라자냐 볼로네제Lasagna Bolognese

재료

볼로네제 소스, 쇠고기 500g, 돼지고기 250g, 토마토 1개, 양파 1/2개, 마늘 1개, 로즈마리 1잎, 타임 1잎, 레드와인 100mL, 실파 또는 대파 1개(옵션 : 파마산 치즈 껍질)
소금, 후추, 버터, 파마산 치즈, 엑스트라 버진 올리브 오일

생면 반죽

강력분 250g, 세몰리나 가루 100g, 달걀 2개, 달걀 노른자 1개, 물 30g, 소금, 올리브 오일

베샤멜 소스

밀가루 50g, 버터 50g, 우유 500mL, 소금, 후추, 넛맥

만드는 법

1 쇠고기와 돼지고기를 0.5cm 이하 주사위 모양으로 썰어 소금, 후추로 간을 한다.
2 뜨거운 팬에 오일과 버터를 넣고 쇠고기와 돼지고기를 차례로 볶아준다.
3 바닥이 두꺼운 냄비에 엑스트라 버진 올리브 오일을 넣고 다진 양파, 마늘, 파를 넣고 **2**의 볶은 고기도 넣은 후 불에서 볶는다.
4 바닥이 누를 정도가 되면 레드와인을 넣고 바닥을 일으켜준다.
5 **4**에 토마토를 잘라 넣고 뚜껑을 덮은 후 2시간 동안 천천히 익힌다.

생면 반죽

1 생면 반죽을 위해 강력분과 세몰리나 가루, 소금을 섞어준 후 달걀과 달걀 노른자, 물, 올리브 오일을 넣고 손으로 반죽한다.
2 냉장고에 30분~1시간 휴지시켜 준다.
3 반죽을 파스타 기계에 얇게 밀어 끓는 물에 1분 삶았다가 얼음물에 식힌 후 물기를 제거한다.

베샤멜 소스

1 냄비에 버터를 녹인 후 밀가루를 넣고 천천히 볶는다.
2 **1**에 우유를 넣어 잘 풀고 소금, 후추, 넛맥을 넣은 후 끓으면 불을 끈다.

완 성

깊은 팬에 라자냐 면을 놓고 볼로네제 소스를 깔고, 그 위에 라자냐 면을 놓고 베샤멜 소스를 깔고, 그 위에 라자냐 면을 놓고 볼로네제 소스를 깔고, 그 위에 라자냐 면을 놓고 베샤멜 소스를 깔고 파마산 치즈를 뿌려 250도 오븐에서 10분 굽는다.

05_ 리조또 Risotto

Riso리조는 이탈리아어로 쌀을 의미한다. 즉, 리조또는 쌀로 만든 요리이다. 리조또를 만들 때 사용되는 대표적인 쌀 품종은 '까르나롤리Carnaroli'이다.

까르나롤리는 일반 우리가 주식으로 먹는 쌀보다 알이 통통하고 길며 빨리 불지 않는다.

리조또의 종류는 파스타의 종류보다는 적지만 그 종류가 다양하다.

쌀을 볶다가 부재료를 넣고 육수를 조금씩 첨가해 가며 익히는 방법은 비슷하나 그 부재료에 따라 다양한 리조또가 탄생하게 된다.

부귀한 북부 지방에서는 부재료도 화려하다. 샤프란을 비롯해, 송아지 고기, 얇은 금박까지 올렸다.

바닷가 지방에서는 해산물과 생선을 넣어 만들어 먹었으며, 계절에 따라 부재료가 다양하다.

리조또는 쌀을 완전히 익히지 않아 항상 완전히 익힌 밥을 먹던 한국사람들이 먹기에는 낯설 수 있다.

파스타와 더불어 리조또는 이탈리아의 주식으로 오랜 전통을 가지고 있다.

해산물 먹물 리조또Black Seafood Risotto

재료(4인분)

쌀 200g
방울토마토 500g
양파 100g
마늘 1개
모시조개 8개
홍합 8개
오징어 1마리
갑오징어 먹물 1ts
치킨 스톡 500mL
화이트와인, 소금, 후추, 엑스트라 버진 올리브 오일

만드는 법

1 양파를 올리브 오일에 볶다가 자른 방울토마토를 넣고 토마토 소스를 만든 다음 갑오징어 먹물을 넣는다.
2 팬에 오일을 넣고 마늘을 넣고 양파를 볶다가 해산물을 넣고 후추, 화이트와인을 넣고 뚜껑을 덮어준다.
3 **2**에 **1**의 소스를 넣고 소금, 바질과 오일을 섞어준다.
4 팬에 올리브 오일을 넣고 다진 양파를 볶다가 쌀을 넣고 볶는다. 쌀을 익히면서 치킨 스톡을 조금씩 첨가한다.
5 쌀이 익으면 완성된 **3**의 소스를 넣은 후 잘 섞고, 불을 끄고 올리브 오일을 넣고 섞은 후 접시에 담는다.

포르치니 버섯 리조또Risotto ai funghi Porcini

재료

건포르치니 버섯 50g
쌀 100g
다진 양파 1/4개
파마산 치즈 30g
버터 40g
치킨 스톡 500mL
다진 파슬리, 소금, 후추, 엑스트라 버진 올리브 오일

만드는 법

1 따뜻한 물에 30분 포르치니 버섯을 불린 후 잘라 둔다.
2 팬에 올리브 오일과 버터를 넣고 다진 양파를 볶은 후 **1**의 버섯을 볶는다.
3 **2**에 쌀을 넣고 볶으면서 치킨 스톡을 조금씩 첨가하며 쌀을 익힌다.
4 쌀이 익으면 불을 끄고 소금, 후추, 올리브 오일과 파마산 치즈, 버터를 넣고 모두 잘 섞어 준다.
5 접시에 리조또를 담고 다진 파슬리를 뿌린다.

닭고기, 버섯 리조또 Risotto con pollo e funghi

재료(4인분)

닭가슴살 250g
빨간 파프리카 1/2개
노란 파프리카 1/2개
쌀 400g
양파 1/2개
다진 파슬리 10g
치킨 스톡 1.5L
건포르치니 버섯 50g
우유, 파마산 치즈, 버터, 엑스트라 버진 올리브 오일, 소금, 후추
타임, 로즈마리, 다진 이탈리아 파슬리

만드는 법

1 파프리카는 불에 태워 껍질을 제거한 후 다이스한다.
2 닭가슴을 다이스한 후 소금, 후추, 로즈마리, 타임으로 간을 한다.
3 건포르치니 버섯을 불려 다진 양파를 볶다가 같이 볶은 후 식힌다.
4 **2**의 닭가슴살을 버터와 올리브 오일에 볶다가 파프리카와 포르치니 버섯을 넣고 익힌다.
5 새로운 팬에 버터와 오일을 넣고 다진 양파를 익히다가 쌀을 넣고 충분히 볶으면서 치킨 스톡을 넣어 익힌 후, **4**의 재료를 넣어 익힌 다음 우유와 파마산 치즈로 농도와 향미를 더해 준다.
6 접시에 담고 다진 파슬리를 뿌린다.

밀라노 스타일의 리조또Risotto alla Milanese

재료

쌀 400g
치킨 스톡 또는 비프 스톡 1.5L
양파 1/2개
드라이 화이트와인 150mL
샤프란 5g,
다진 이탈리아 파슬리, 버터, 파마산 치즈, 올리브 오일, 소금, 후추

만드는 법

1 파는 다지고 샤프란은 화이트와인에 불린다.
2 팬에 오일과 버터를 넣고 다진 양파를 익히다가 쌀을 넣고 볶는다.
3 **2**에 스톡을 첨가하면서 익힌다.
4 쌀이 익으면 소금, 후추, 버터와 파마산 치즈, 올리브 오일, 다진 파슬리로 마무리하여 접시에 담는다.

모짜렐라 치즈, 토마토, 바질을 곁들인 리조또

Risotto al basilica mozzrella e pomodo

재료(4인분)

쌀 400g
비프 스톡 1.5L
방울토마토 400g
양파 1/2개
바질 5g
모짜렐라 치즈 250g
마늘 1개
버터, 파마산 치즈, 다진 이탈리아 파슬리, 올리브 오일, 소금, 후추

만드는 법

1 팬에 오일을 넣고 마늘, 다진 양파를 볶다가 반 자른 방울토마토를 넣고 소금으로 간하고 익혀 토마토 소스를 만든다.

2 새로운 팬에 버터와 오일을 넣고 다진 양파를 익히다가 쌀을 넣고 충분히 볶으면서 비프 스톡을 넣은 후 쌀을 익히다가 **1**의 토마토 소스를 넣고 익힌다.

3 쌀이 익으면 소금, 후추, 버터와 파마산 치즈, 올리브 오일, 다진 파슬리로 마무리하여 접시에 담는다.

4 모짜렐라 치즈를 잘라 리조또 위에 담는다.

렌틸콩과 빤체타를 곁들인 리조또Risotto pancetta e lenticchie

재료(4인분)

쌀 400g
비프 스톡 1.5L
렌틸콩 250g
빤체타 100g
빨간 양파 1/2개
마늘 1개
버터, 파마산 치즈, 다진 이탈리아 파슬리, 올리브 오일, 소금, 후추

만드는 법

1 팬에 올리브 오일을 넣고 마늘, 다진 빨간 양파를 넣고 익히다가 다이스한 빤체타를 넣는다.
2 1에 쌀을 넣고 볶다가 육수를 넣으면서 익힌다.
3 하룻밤 찬물에 불려 삶아낸 렌틸콩을 리조또에 넣고 익힌다.
4 쌀이 익으면 소금, 후추, 버터와 파마산 치즈, 올리브 오일, 다진 파슬리로 마무리하여 접시에 담는다.

06_디저트, 젤라또
Desserts, Gelato

디저트는 식사의 마지막에 제공되며 메인 제공 전 음식의 여운을 없애기 위해 제공되기도 한다. 디저트 제공 바로 직전에 Pre-dessert로 본 디저트를 먹기 전 입안을 환기시키기 위해 제공되기도 한다. 이탈리아 말로 디저트는 Dolce돌체, 복수명사로는 Dolci 돌치라고 불리우며 이는 단맛을 뜻하는 이탈리아 말이기도 하다. 이렇듯 디저트는 단맛을 기초로 한다.

디저트는 제과 분야로 취급하는 경우가 많은데 물론 상충되는 부분이 많은 건 사실이나 현재 국내에의 제과는 디저트라는 개념보다는 간식의 개념이 강하여 제대로 된 프랑스, 이탈리아 디저트를 접하기에는 쉽지 않은 것이 현실이다.

이탈리아에서 말하는 젤라또는 원재료를 기본으로 크림을 제한적으로 사용하지만 텍스처를 크리미하게 만든다는 점에서 일반 아이스크림과 차이가 있다. 아이스크림은 크림이 주재료로 향과 맛을 첨가하여 만든다.

젤라또는 과일 또는 견과류 페이스트를 이용한 것이 대부분이다.

또한 젤라또 기기에서 나온 젤라또는 젤라또에서 공기가 점점 빠져 부피와 식감이 감소하고 일정 시점이 지나면 단단해지는 것이 단점이다. 이를 방지하기 위해 안정제 같은 첨가제를 사용하는데 상품성을 높이기 위해 과도하게 사용되는 문제점이 있다.

현재는 안정제도 천연재료에서 추출하여 농축한 안정제가 많이 사용되기도 하여 적은 양으로도 효과를 볼 수 있으며 젤라또 기기의 발전으로 그 근본 해결책을 찾기도 한다.

그림 1은 현재까지도 주로 사용되고 있는 젤라또 기기이며, 그림 2는 최근 많이 사용

되고 있는 파코젯Pacojet이다. 파코젯의 특징은 원하는 양의 젤라또만을 소량으로 얻을 수 있으며 그 품질이 항상 일정한 고품질에 젤라또를 얻을 수 있다는 것과 부피가 작다는 장점이 있다. 하지만 냉각기가 따로 없는 파코젯은 기본 젤라또 재료를 위해 별도의 영하 20도 이하 냉동고를 필요로 한다. 그렇지 않으면 젤라또의 식감을 제대로 구현할 수 없다.

그림 1

그림 2

사과 스트루들Apple Strudel

재료

도우 반죽

강력분 350g
분설탕 25g
소금 1ts
녹인 버터 50g
달걀 1개
물 125g

속

사과 1kg
황설탕 150g
건포도 150g
잣 70g
레몬 제스트, 계핏가루

만드는 법

도우 반죽과 속

1 강력분과 분설탕, 소금을 잘 섞은 후 달걀과 물을 섞어 넣고 반죽하다가 녹인 버터를 넣고 계속 반죽을 한다.
2 랩으로 싸서 냉장고에 30분간 휴지한다.
3 사과의 껍질과 씨를 제거한 후 얇게 슬라이스해서 나머지 속재료와 모두 섞어 냉장고에 10분 둔다.

완 성

1 반죽을 얇게 펴서 사과 혼합물을 넣고 빵가루를 뿌려 돌돌 말아준다.
2 185도 오븐에 30분 굽는다.

초콜릿 머드 케이크Chocolate Mud Cake

재료

달걀 7개
설탕 155g
박력분 30g
버터 285g
다크 초콜릿 375g

만드는 법

1 달걀을 휘핑하면서 설탕을 3번에 나누어 넣어 녹을 때까지 휘핑한 후 박력분을 넣고 섞는다.
2 버터와 다크 초콜릿을 중탕으로 녹인 후 **1**에 섞어 180도 오븐에 20분 익힌 후 냉장고에서 완전히 식힌다.
3 완전히 식은 케이크를 잘라 접시에 담는다.

스파클링 와인 무스 자바이오네

Zabaglione freddo(=Zabaione freddo)

재료(4인분)

모스까또 다스티 와인(또는 마르살라 와인) 350g
설탕 15g
달걀 노른자 5ea
생크림 500g
판젤라틴 7g
아마레띠(이탈리아 과자 또는 쿠키 사용가능) 250g

만드는 법

1. 달걀 노른자와 설탕을 잘 섞은 후 모스까또를 넣고 중탕으로 거품을 일으켜준다.
2. 판젤라틴을 얼음물에 담가 불려 준비한 후 **1**에 섞어 녹여준다.
3. 위 혼합물을 익힌 후 아마레띠 과자를 분쇄하여 섞어준다.
4. 생크림을 휘핑하며 혼합물에 천천히 섞어준다.
5. 냉장고에서 2~3시간 둔다.

피스타치오 세미프레도Semifreddo al pistachio

재료

달걀 노른자 5개
설탕 80g
우유 100g
피스타치오 페이스트 50g
생크림 300g

만드는 법

1 달걀 노른자 5개와 설탕 80g을 잘 섞어준다.

2 우유를 데운다.

3 **1**와 **2**를 섞은 후 불 위에서 농도를 내준다(달걀 노른자가 익지 않도록 주의).

4 **3**의 혼합물을 불에서 내린 후 50g의 피스타치오 페이스트를 섞은 후 얼음물에 식힌다.

5 생크림을 80% 정도 휘핑한 후 **4**의 혼합물과 섞고 냉동실에서 4시간 이상 굳힌다.

라즈베리 젤라또
Raspberry Gelato

재료(4인분)

라즈베리 퓌레 1kg
기본 베이스(Neutro) 130g
시럽 800g

만드는 법

1. 재료를 모두 섞어 80도로 데운 후 식힌다.
2. 영하 25도 냉동실에 12시간 두었다가 파코젯에 돌린다.

파코젯을 이용한 파코젯 젤라또Pacojet Gelato

재료 1

우유 2L
탈지 분유 60g
이소말트 70g
투명 물엿 80g
설탕 340g
생크림 300g
버터 100g

재료 2

설탕 60g+Neutro10c 6g

만드는 법

1 재료 1을 모두 섞어 45도로 데운다.
2 재료 2를 위 재료 1에 섞고 85도까지 데운다.
3 기본 베이스를 식혀서 사용한다.

바닐라 젤라또Vanilla Gelato

재료

우유 1L
탈지 분유 40g
설탕 135g
투명 물엿 50g
생크림 170g
바닐라빈 1개
설탕 30g+Neutro10c 3g

만드는 법

1 우유와 탈지 분유, 설탕, 물엿, 생크림, 바닐라빈을 넣고 40도까지 데운다.
2 설탕과 Neutro10c를 섞은 것을 **1**에 넣고 80도까지 데우고 식힌다.
3 영하 25도 냉동실에 12시간 두었다가 파코젯에 돌린다.

07_분자요리
Molecular Gastronomy

Nicholas Kurti(Hungarian : Kürti Miklós, 14. May. 1908~24. November. 1998)는 헝가리 부다페스트Budapest, Hungary 출신으로 그의 삶 중 영국의 옥스퍼드Oxford에서 가장 많은 시간을 보냈으며, 실험적 물리학자의 선구자 중 한 사람이다.

그는 Minta Gymnasium 고등학교에 입학하였으나 반유태인 법Anti-Jewish laws으로 인해 헝가리를 떠나야만 했다. 파리의 Sorbonne University에서 석사학위를 받고, 독일의 베를린에서 박사학위를 '저온물리학Low-Temperature physics'으로 받고 Franz Simon 교수와 연구를 같이 했지만 Adolf Hitler 정권이 들어서면서 Simon과 Kurti는 독일을 떠나 영국 University of Oxford 안에 Clarendon Laboratory에서 연구를 한다.

2차 세계대전(1939~1945) 동안 그는 미국을 중심으로 영국과 캐나다가 참여한 'Manhattan Project'(1942~1946)에 참가하여 원자폭탄atomic bomb R&D를 연구하고 전쟁이 끝난 1945년에 Oxford로 돌아왔다. 1956년 Simon과 Kurti는 1 MicroKelvin 온도의 연구를 위해 실험실습실을 짓는다. 이 연구는 세계의 이목을 끄는 집중시키는 데 충분했고, '영국왕립학회Fellow of the Royal Society'에 선출되었다. 이후 영국왕립학회의 Vice-President로 1965년부터 1967년까지 일했다.

1967년 University of Oxford 물리학 교수가 되었으며, 1975년까지 왕성한 연구를 하고 은퇴하였다. 이후 미국의 City College in New York, University of California, Berkeley와 Amherst College in Massachusetts에 교수로 초빙되기도 하였다.

그의 취미는 요리이면서 요리의 문제들을 과학적으로 접근하는 데 열광적이어서 1969년 영국왕립학회에 '주방의 물리학자The physicist in the Kitchen'라는 제목으로 발

표된다. 또한 그 당시 주목받던 전자레인지를 이용한 'Frozen Florida'라고도 알려진 'Baked Alaska(케이크에 아이스크림을 얹고 머랭으로 싸서 구운 디저트)'와 영국의 18세기 과학자 Benjamin Thompson이 발견한 저온조리법을 재현하였는데 2kg의 고깃덩어리를 80℃ 오븐에 8시간 30분 익혀 단백질의 Texture를 실감한 참석자들은 놀라움 그 자체였다.

그 후 '분자와 물리 미식Molecular and Physical Gastronomy'이라는 이름으로 이탈리아 시칠리아섬, Erice에서 국제 워크숍이 최초로 개최된 이후 다년간 세계 많은 요리사와 과학자들이 모여 정보교환과 새로운 요리를 선보이는 장으로 발전해 가고 있다.

수비드Sous-vide

수비드란 진공저온조리법이라고 불리며 재료마다 익히는 온도와 시간이 각각 다르므로 진공최적조리법이라고도 한다.

수비드의 원리

재료의 가수분해를 통해 단백질을 응고와 고유성분에 변화를 주고 알부민을 분배시켜 근섬유의 변질을 막는 방법이다. 지방, 단백질의 성분을 작은 단위로 분해하여 탄수화물과 팩틴은 익히고 최적의 맛과 모양을 유지할 수 있는 방법이다.

수비드 조리법의 예

소고기

진공vacuum

- 압력 : 15mbar
- 시간 : 20초
- 조리법 : 수비드 머신을 83℃로 하고 양념하여 진공한 고기를 3분 동안 넣었다가 66℃로 바꾸고 20시간 익힌다.

닭고기, 돼지고기

진공vacuum

- 압력 : 15mbar
- 시간 : 20초
- 조리법 : 돼지고기(66℃에서 36시간), 닭고기(66℃에서 3시간)

생선

진공vacuum

- 압력 : 생선마다 다르나 5~8mbar
- 시간 : 10~15초

••조리법 : 머리와 내장은 제거하고 뼈가 있는 상태에서 진공하여 56℃에 2시간 동안 익힌다. 이때 소금, 후추 등으로 양념을 하고 진공하면 더 깊은 맛을 얻을 수 있다.

어패류

진공vacuum

••압력 : 50mbar

••시간 : 10~15초

••조리법 : 향신료를 함께 넣고 진공하고 83℃에 10분 동안 익힌다. 대파나 쪽파 등을 함께 넣으면 가니쉬로도 사용 가능하다.

야채류

진공vacuum

••압력 : 100mbar

••시간 : 15초

••조리법 : 야채에 소금 등의 기초 양념을 한 후에 버터를 넣어 진공한다. 주로 지방성분이 부족하므로 풍미를 첨가하는 역할을 한다. 83℃에서 3시간 동안 익힌다.

수비드 후 보관과 사용방법

쿨링법

실온에서 5분 식히고 수돗물에서 10분 후 얼음물이나 급속냉각기에서 완전히 익혀 보관한다.

사용방법

고기와 생선의 경우 겉을 크리스피하게 제공할 경우 중탕으로 중심까지 데운 후 팩을 제거하고 팬에서 시어sear한다.

조개, 야채, 일부 생선은 중탕만으로 데워 사용한다.

TEXTURAS 제품 설명

Spherification

알긴 Algin

해조류에서 추출한 천연 제품이다. 알긴산과 염화칼슘 사이의 응고되는 반응을 이용해 액체를 캐비어와 같이 둥근 구의 형태로 만들 수 있다. 고운 가루 형태로 되어 있으며 요리할 때 가열할 필요가 없는 제품이다.

▪▪성분 : 알긴산나트륨

▪▪용량 : 500g

칼식 Calcic

식용의 염화칼슘으로 알긴과 함께 반응해서 구 모양을 만드는 데 효과적이다. 물에서 빠른 속도로 희석되기 때문에 구 모양을 만드는 데 이상적인 제품이고, 수분흡수에 뛰어난 능력을 가지고 있다.

▪▪성분 : 염화칼슘

▪▪용량 : 600g

시트라스 Citras

주로 감귤류에서 얻은 시트르산 나트륨으로, 일반적으로 요리 중 잘라놓은 과일과 야채들이 검게 산화되는 것을 방지하기 위해 사용한다. 신맛이 강한 재료의 신맛을 감소시켜 주고, 강한 산성의 재료로 구를 만드는 것이 가능하다. 녹이기 쉽고 즉시 반응한다.

▪▪성분 : 시트르산 나트륨

▪▪용량 : 600g

글루코 Gluco

두 개의 Calcium Gluconate와 Calcium Lactate가 섞여 있는 파우더 형태로 구 모양의 젤리를 만들 때 사용된다. 고운 가루형태의 제품으로 찬물에 잘 녹는다. 글루코 외에 다른 가루를 섞을 때는 글루코를 먼저 녹인 후 용해하는 것을 권장한다. 알코올류, 산성용액, 오일류에도 잘 섞인다.

▪▪**성분** : 젖산칼슘, 글루시늄

▪▪**용량** : 600g

아인 Eines

분자요리를 구현하는데, 특히 둥근 구의 형태를 만들 때 기본이 되는 것은 주사기와 계량스푼 등의 도구이다(플라스틱 주사기 2개, 계량스푼 1벌, 캐비어용 스푼 2개).

Gelification

아가 Agar

한천 100%로 홍조에서 추출해서 만들어진 것으로, 젤리화할 때 이용된다. 15세기부터 일본에서 사용되었고, 20세기 초부터 유럽의 음식 산업에 응용되었다.

사용량을 조절하여 젤의 단단하기를 조절할 수 있다. 뜨거운 젤라틴을 만들기 위해 사용할 수도 있다. 산성인 매체와 닿으면 일부 젤이 녹아내리는 성질을 가진다.

▪▪**성분** : 한천

▪▪**용량** : 500g

카파 Kappa

붉은 조류에서 추출한 캐라지난의 일종으로 600년 이상 사용되어 왔다. Kappa는 단단하고 깨지기 쉬운 질감의 젤을 만들 수 있다. 젤이 60도 정도의 온도까지 그 성질을 유지할 수 있다. 산성인 매체와 닿으면 일부 젤이 녹아내리는 성질을 가진다.

▪▪**성분** : 캐라지난, 염화칼륨

▪▪**용량** : 400g

메틸 Metil

다른 젤리퍼들과는 달리 메틸셀롤로오스를 기반으로 한 식물성 추출물이다. 뜨거울 땐 반고체의 젤리효과를 나타내며 차가워졌을 땐 젤리의 성질을 잃고 걸쭉한 물질이 된다. 메틸셀롤로오스의 다양한 점도를 표현하고 나타내며 양에 따라 젤리의 두께와 형태에 영향을 미친다.

성분 : 메틸셀롤로오스, 물, 소금

용량 : 300g

Emulsification

레시테 Lecite

대두 레시틴을 베이스로 한 천연유화제이다. 서로 혼합하지 않는 두 종류의 액체를 안정된 에멀션으로 만드는 제3의 물질인데, 20세기부터 음식에 응용하여 사용해 왔다. 곱게 갈린 파우더 타입으로, 쥬이시하거나 맑은 액체 종류에 공기를 투입해 거품으로 만들어 준다. 찬물에도 잘 녹는 고운 가루형태의 제품이다.

성분 : 대두 레시틴

용량 : 300g

수크로 Sucro

일본에서 널리 사용되는 제품으로, 에멀션으로의 변화가 비교적 높은 안정성을 보이기 때문에 주로 물에 오일이 녹아 있는 타입의 에멀션으로 사용한다. 비교적 레시테보다 단단한 폼을 만들어 준다.

찬물에도 잘 녹지만 열을 가하면서 녹이면 더 잘 녹는다. 녹인 후에 지방성분의 재료를 섞을 때는 천천히 섞어 주어야 한다.

성분 : 수크로오스(자당)

용량 : 600g

Thickeners

싼타나 Xantana

싼타나는 점성과 함께 음식을 걸쭉하게 만들어 준다. 본연의 특징이나 맛이 변하는 현상 없이 요리를 만들 때 부유물질이 가라앉지 않고, 소스의 기체 역시 빠져나가지 않게 유지시켜 준다. 고운 가루형태의 제품으로, 차거나 뜨거운 액체에도 잘 녹는다. 알코올 제품에도 사용 가능하다.

▪▪**성분** : 잔탄검

▪▪**용량** : 600g

Surprise

말토 Malto

말토는 말토덱스트린을 기반으로 하는 제품으로서, 옥수수 녹말분자로부터 얻어지는 탄수화물, 타피오카 전분에서 추출하였다. 감미료가 적게 사용되어서 칼로리를 줄였다.

말토는 식품첨가물로 사용되며 오일도 흡수 가능하다. 차거나 뜨거운 용액에 잘 녹고, 오일과 섞어 녹였을 때(말토 2 : 기름 1) 다루기 쉬운 성질로 바뀌며, 수용성 재료와 섞으면 완전하게 용해된다.

▪▪**성분** : 말토덱스트린

▪▪**용량** : 1Kg

요폴 Yopol

요거트를 냉동건조하여 파우더로 만든 제품으로서, 프레쉬 요거트를 사용할 수 없는 요리에 독특한 맛과 풍미를 줄 수 있다. 요거트맛 과자, 크런치, 비스킷 및 도우와 섞어 사용 가능하다.

▪▪**성분** : 요구르트 파우더(식물성유지, 녹말, 정제설탕, 유단백, 우유분말, 구연산)

▪▪**용량** : 400g

크루토맛 Crutomat

밝은 오렌지색의 냉동건조시킨 토마토 조각으로, 디저트나 소스 등에 사용된다. 토마토의 풍미를 그대로 유지하며 요리할 수 있다. 곱게 갈아서 쓰거나 조각 그대로도 사용가능하며, 건조한 곳에 직사광선을 피해 보관해야 한다.

▪▪성분 : 건조 토마토, 유기농 옥수수 전분, 유기농 설탕

▪▪용량 : 400g

피지 Fizzy

설탕, 천연 향 등으로부터 추출한 제품으로 불규칙적인 알갱이 모양을 하고 있다. 초콜릿이나 캐러멜에 첨가하거나, 가루로 만들어 과일, 셔벗 같은 음식에 뿌려먹으면 좋다. 그대로 섭취하거나 물에 타 먹어도 된다.

▪▪성분 : 설탕, 중탄산염 등

▪▪용량 : 300g

84 Recipes DVD

Texturas의 제품에 적용할 수 있는 모든 테크닉이 담겨 있는 DVD이다.

150분 동안의 텍스투라스 제품과 LYO, 크로퀀터 제품의 조리법을 단계적 보여준다.

또한 PDF 형식의 파일도 포함되어 있다.

실리카섹 Silicasec

실리카섹은 식품을 습기로부터 안전하게, 깨끗하게, 쾌적하게 유지시켜 준다. 식품에 사용되도록 허가된 제품이다.

▪▪보관방법 : 반드시 건조하고 시원한 장소에 보관한다.

▪▪수량 : 100tablets

▪▪크기 : 29ø × 10mm(tablet)

▪▪내용물 : 오렌지색 실리카겔(28g/u.)

▪▪흡수용량 : 20~50%

▪▪**한계온도** : 150℃ 이상을 제한

디하이드레이터 Dehydrator

과일, 야채, 육류는 물론 허브와 꽃까지 그 맛과 모양, 색을 원형 그대로 보존시켜 준다.

빠르고 경제적으로 건조할 수 있으며, 최대 30개의 트레이까지 퀄리티를 유지하면서 건조하는 양을 늘릴 수 있다.

크로퀀터 Croquanter

이 제품은 디하이드레이터에 이상적인 제품이다.

크로퀀터는 크런치를 만들기 위한 틀판 세트로, 엘 불리의 Albert Adria와 Ferran Adria가 특별히 디자인한 마켓 최고의 디하이드레이터 모델에 사용되는 제품이다.

크로퀀터는 총 8개의 다양한 디자인의 틀판으로 구성되어 있어 모든 종류의 요리에 색다르게 표현할 수 있다. 디하이드레이터의 간단한 작동으로 섬세하고 다양한 범위의 요리를 얻을 수 있으며, 원재료의 그 맛과 빛깔을 최대한 유지, 보존시켜 준다. 다양한 테플론 틀을 이용해서 적은 노력으로 동시에 과일, 야채 등을 이용한 다량의 크런치를 만들 수 있다.

▪▪**내용물** : 8가지 다양한 모양의 틀판

캐비어 박스 Caviar Kit

캐비어 모양의 구를 만드는 데 완벽한 도구이다. 1초당 96개의 볼이 만들어지며 한 번 주입된 양으로 1000개 이상의 볼을 만들 수 있기 때문에 빠르고 효율적인 요리도구이다.

▪▪**조립방법** : 박스 안 원뿔 모양의 뾰족한 끝이 아래를 향하도록 박스를 놓고, 커버 박스로 주사하게 될 박스의 연결 부분을 덮는다. 두 부분이 너무 강한 압력으로 고정되지 않도록 하되 정확하게 조립되도록 한다. 6개의 나사와 너트를 이용해 풀리지 않을 정도만 고정시킨 후 연결 튜브에 주사

Molecular Gastronomy

기를 연결한다.

- **주입방법** : 96개의 주사 주입구에 알긴산 용액을 완전히 채우면 30mL이다. 천천히 간격을 두고 칼슘으로 떨어뜨린다. 일정한 모양으로 나오지 않더라도 캐비어 박스를 기울이지 않는다. 찬물에 담가 칼슘을 씻어내고 사용한다.
- **세척방법** : 튜브와 주사기를 제외하고 나사를 뺀 후 완전히 분리하여 세척한다. 캐비어 박스를 물에 흔들어 여러 번 세척하거나 식기세척기를 사용해도 된다(염소계 세제 사용금지).

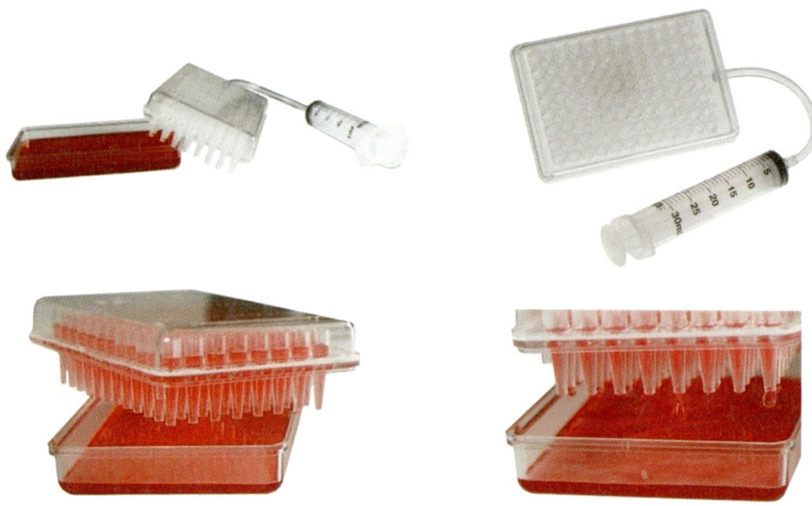

캐비어 박스

Tip!

캐비어가 된 장미, 거품이 된 푸아그라

미슐랭 가이드에서 별 3개를 받은 '엘 불리' 레스토랑의 분자요리를 맛볼 수 있다.

분자요리Molecular Gastronomy

틀림없이 맥주인 줄 알고 마셨는데 요구르트고, 성게알을 먹었는데 석류맛이 난다. 파스타 면인줄 알았는데 파마산 치즈고, 가루를 입에 털어 넣었는데 딸기아이스크림이다.

"음식의 맛과 향은 유지하면서 전혀 다른 모양과 질감을 내는 것" 이것이 분자요리이다. 분자요리의 시작은 프랑스였지만 대중화시킨 것은 스페인이다. 새로운 조리 기법에 개방적인 스페인 사람들은 늘 먹던 음식도 어떻게 다르게 먹어볼까를 구상했고 이런 고민은 '엘 불리'의 천재 요리사인 페란 아드리아를 낳았다. 그는 스페인에서 '엘 불리' 레스토랑을 운영하는 천재 요리사로, 과학적 방법론을 동원한 신개념 조리법인 '분자요리'의 세계적 권위자이기도 하다. 이 작품들을 창조하기 위해 그는 1년 중 6개월만 엘 불리의 문을 열고 나머지 6개월 동안은 세계 곳곳을 여행하며 새로운 재료와 아이디어를 찾고, 엘 불리만의 독특한 맛, 질감, 향, 모양을 얻기 위해 연구에 매진한다. 사람들은 페란 아드리아를 '분자요리의 선구자'로, 엘 불리를 '분자요리의 본거지'로 생각한다.

구면화 망고Spherical Mango

재료

망고 혼합물

망고 퓌레 250g

물 250g

알긴 1.8g

시트라스 1.3g

칼식 베트Calcic Bath

칼식 6.5g

물 1KG

만드는 법

망고 혼합물

1 물에 시트라스를 넣고 블렌더로 섞는다.

2 1에 알긴을 넣고 블렌더로 섞는다.

3 2의 혼합물을 100도로 끓인 후 실온에서 식히고 차갑게 다시 식힌다.

4 3을 망고 퓌레와 섞는다.

5 4를 밀폐 용기에 넣고 차갑고 건조한 곳에서 안정화시킨다.

칼식 베트

칼식과 물을 섞은 후 깊이 5cm 정도 되는 용기에 넣고 사용한다.

완 성

1 망고 혼합물을 떠서 칼식 베트에 넣고 2분 기다린 후 구면이 되면 찬물에 헹구어낸다.

2 물기를 제거해서 담는다.

구면화 그린 피스Spherical Peas

재료

그린 피스 주스

냉동 그린 피스 300g

물 375g

구면 그린 피스 베이스

그린 피스 주스 500g

알긴 2.4g

칼식 베트Calcic Bath

칼식 6.5g

물 1KG

만드는 법

그린 피스 주스

1 써머믹스에 냉동 그린 피스과 끓는 물을 넣고 거칠게 간다.

2 소창에 짜서 그린 피스의 주스만 모아 냉장고에 둔다.

구면 그린 피스 베이스

1 그린 피스의 1/3의 양과 알긴을 블렌더로 덩어리 없이 섞는다.

2 나머지 그린 피스 주스를 모두 넣고 섞고 거르고 냉장고에 보관한다.

칼식 베트

칼식과 물을 섞은 후 깊이 5cm 정도 되는 용기에 넣고 사용한다.

완 성

1 그린 피스 혼합물을 떠서 칼식 베트에 넣고 2분 기다린 후 가라앉아 구면이 되면 찬물에 헹구어낸다.

2 물기를 제거해서 담는다.

고체 오일Solid Oil

재료

엑스트라 버진 올리브 오일 100g
그리스Glice 6g

만드는 법

1 오일의 중량의 반과 그리스를 섞은 후 65도까지 가열하여 그리스를 녹인다.
2 1을 불에서 내려 나머지 오일을 넣고 25도로 온도를 내린다.
3 얼음물에 저어가며 차갑게 식힌다.
4 오일이 굳어질 때 냉장고에 12시간 안정화시킨 후 사용한다.

Molecular Gastronomy

레몬 에어Lemon Air

재료

레몬 주스 350g
물 250g
레시틴 3g

만드는 법

1 3가지 재료를 직경 25cm 용기에서 섞는다.
2 블렌더로 계속 섞으면 최상위에 에멀션이 가장 큰 거품을 형성하는데 이를 에어라고 한다. 가장 윗부분만을 스푼으로 떠서 사용한다.

비트 주스 에어Beetroot Juice Air

재료

비트 주스 1kg
레시틴 5g

만드는 법

1 2가지 재료를 직경 25cm 용기에서 섞는다.
2 블렌더로 계속 섞으면 최상위에 에멀션이 가장 큰 거품을 형성하는데 이를 에어라고 한다. 가장 윗부분만을 스푼으로 떠서 사용한다.

진화된 조리 기기들

바믹스

써머믹스

파코젯

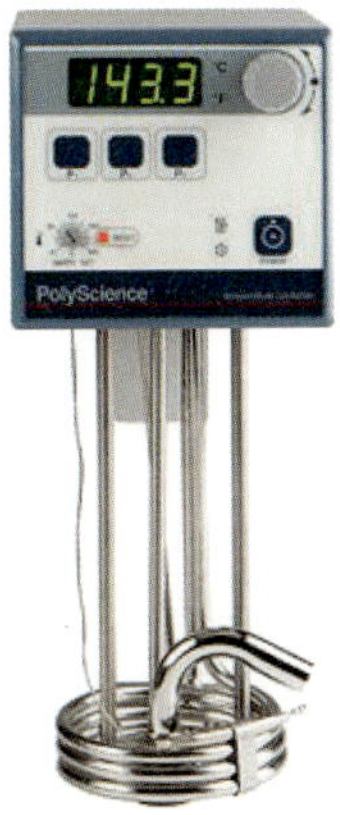
143.3
PolyScience

2x

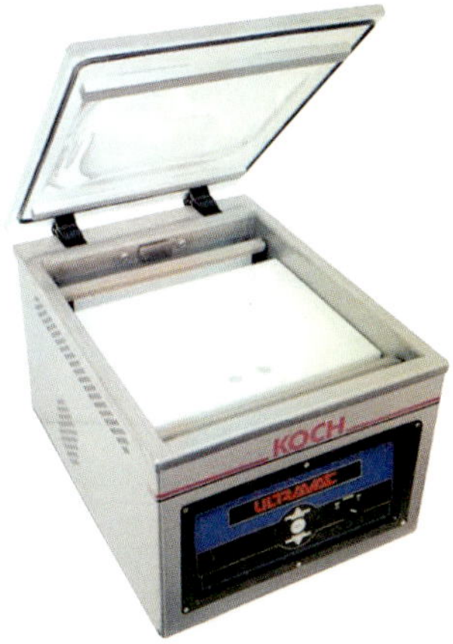
KOCH

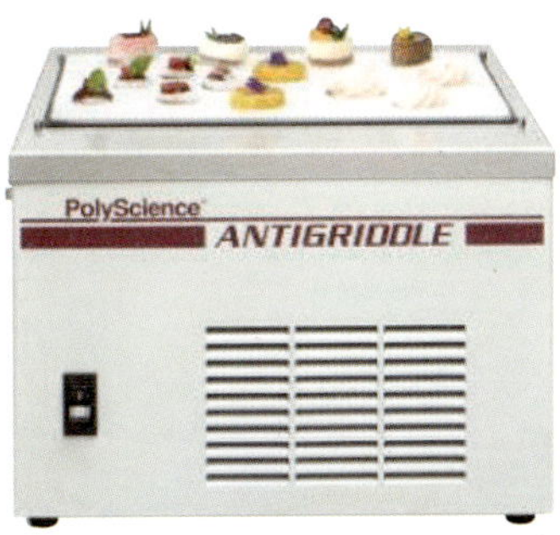
PolyScience
ANTIGRIDDLE

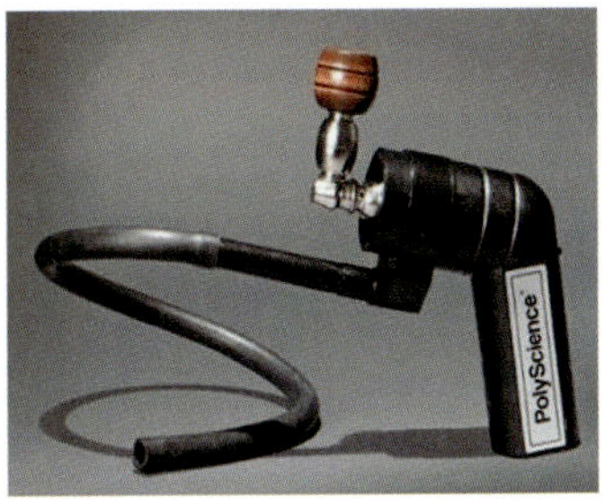
PolyScience

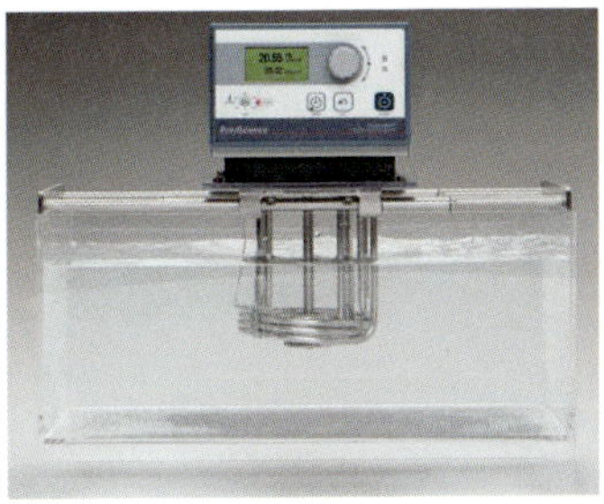

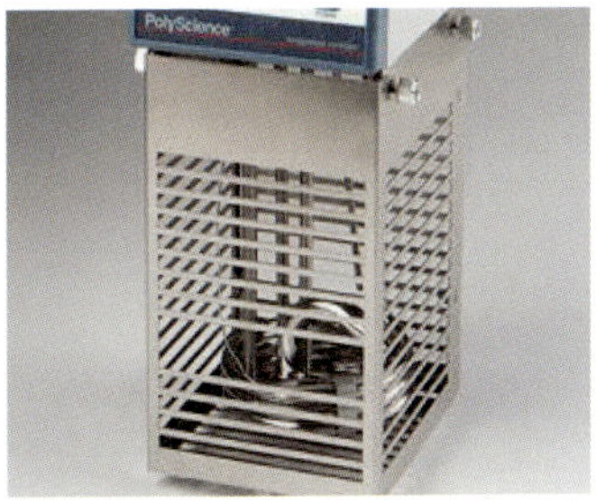
PolyScience

참고문헌

국내문헌

김대관(1997). 수프의 종류와 흐름. 문지사.

나영선(1999). 이탈리아 요리. 형설출판사.

래리 주커먼(2000). 감자 이야기(박영준 옮김). 지호.

로드필립스(2003). 도도한 알코올 와인의 역사(이은석 옮김). 시공사.

마귈론 투생 사마(2002). 먹거리의 역사－상(이덕환 옮김). 까치.

마귈론 투생 사마(2002). 먹거리의 역사－하(이덕환 옮김). 까치.

맛시오 몬타나리(2001). 유럽의 음식문화(주경철 옮김). 새물결.

박경태(2004). 서양조리실무. 훈민사.

오석태(1998). 서양조리개론. 신광출판사.

이광주(2002). 동과 서의 차 이야기. 한길사.

일레인 메킨토시(1999). 미국의 음식문화(김형곤 편역). durals사.

임영상 외(1997). 음식으로 본 서양문화. 대한교과서.

장홍(1998). 문화를 포도주병에 담은 나라 프랑스. 고원.

정청송(1983). 서양조리학.

조용범(2007). 조리과학실무. 지구문화사.

최수근(2010). 소스의 이론과 실제. 형설출판사.

츠노야마 사가에(2001). 녹차문화와 홍차문화(원제 : 차의 세계사, 서은희 옮김). 예문서원.

Reference

국외문헌

Anne Willan(1991). *La France gastronimique*. Arcade.

Brennan, Georgeanne(2002). *Savoring France*. Leisure Art.

Julia Child(2002). *An American Feast*. Pub Group West.

Julia Della Croce(2000). *Italy*. Chronicle books.

Pamela Goyan Kittler & Kathryn P. Sucher(2000). *Cultural Foods*. Wadsworth.

Pepita Aris(2003). *Spanish food and cooking*. Natl Book Network.

Rick Bayless(1996). *Mexican Kitchen*. Scribner.

Rick Bayless(2000). *Rick Bayless Mexico*. Simon & Schuster.

Sara Perry(2001). *The new tea book*. Chronicle Books.

Sarah R. Labensky & Alan M. Hause(2002). *On cooking*. Prentice Hall.

Sophie Braimbridge(2002). *The food of Italy*. Murdoch Books.

Waverley Root(1982). *The Food of France*. Vintage.

협찬사

(주) 멤피아 Mempia 552－3050

써머믹스Thermomix

(주) 코리아 텍크 02－3409－2104

바믹스Bamix

(주) 쉐프푸드 02－1577－6227, 529－4131

분자요리 요소 제품들 유통

찾아보기

ㄱ

감자 크림 수프 53

고체 오일 147

구면화 그린 피스 146

구면화 망고 145

글레이징 15

글루코 136

까르나롤리 110

까르보나라 스파게티 99

까쁘레제 샐러드 71

깔바도스 7

깔조네 28

ㄴ

나폴라타나 28

농어 타르타르와 아보카도 91

누벨퀴진 5

ㄷ

단호박 수프 55

닭고기, 버섯 리조또 116

돌체 26

드레싱 68

디저트 12

디하이드레이터 141

ㄹ

라자냐 볼로네제 109

라즈베리 젤라또 29

랍스터 비스큐 65

레몬 에어 149

레시테 138

렌틸콩과 빤체타를 곁들인 리조또 119

로스팅 15

루 3

리플라쥬 41

리조 110

리조또 110

리코타와 시금치를 넣은 라비올리 107

ㅁ

마르게리타 28

마요네즈 소스 69

말토 139

메틸 138

모짜렐라 치즈, 토마토, 바질을 곁들인 리조또 118

Index

미네스트라 45

미네스트로네 45

밀라노 스타일의 리조또 117

ㅂ

바게트 6

바닐라 젤라또 131

바믹스 152

버섯을 곁들인 루마코니 그라탕 101

베이스팅 15

볼로네제 파스타 103

부이야베스 14

브라운 스톡 43

브레이징 15

브루스케타 83

블랜칭 15

비네그레트 소스 69

비스퀴 45

비트 주스 에어 151

비프 콘소메 47

빵 29

ㅅ

사과 스트루들 123

샐러드 12

생선 스톡 39

세콘도 피아토 26

소르베 12

소스 68

소테 15

수비드 134

수크로 138

수프 11, 44

스톡 32

스파클링 와인 무스 자바이오네 126

시금치 샐러드 73

시드르 7

시트라스 136

실리카섹 140

심머링 15

싼타나 139

써머믹스 53, 153

ㅇ

아가 137

아란치니 디 리조 77

아보카도를 곁들인 게살 샐러드 89

아스파라거스 수프 57

아스파라거스와 토마토 파마산 치즈를 곁들인 송아지 안심 까르빠초 81

아인 137

안티파스토 20, 25

알긴 136

애피타이저 67

야채 스톡 35

양송이 수프 59

에스카르고 13

오르되브르 11

요폴 139

ㅈ

제노베제 바질 페스토 파스타 95

젤라또 120

주빠 29, 45

주요리 12

지중해식 주꾸미와 검은 올리브 샐러드 90

ㅊ

참치 타르타르와 아보카도 79

초콜릿 머드 케이크 125

치킨 스톡 41

ㅋ

카니발 26

카파 137

칼식 136

캐러멜라이즈 15

캐비어 박스 141

콘소메 44

콘 차우더 63

콩피 15

쿠르 부용 37

쿠스쿠스 14

크램 차우더 51

크레페 7

크로스티니 83

크로퀀터 141

크루토맛 140

Index

ㅌ

토마토, 관자 브루스케타 83

트뤼플 14

ㅍ

파마산 치즈를 이용한 가지 75

파스타 27, 92

파코젯 154

파코젯을 이용한 파코젯 젤라또 128

포르치니 버섯 리조또 115

포르치니 버섯 브루스케타 85

포칭 15

푸아그라 14

푸아송 12

퓌레 수프 45

프로슈또로 감싼 아스파라거스와 수란 87

프리모 피아토 25

피스타치오 세미프레도 127

피자 28

피지 140

ㅎ

해산물 먹물 리조또 113

해산물 수프 61

해산물 토마토 스파게티 97

홈메이드 리코타 치즈와 시금치를 곁들인 까넬로니 파스타 105

저자소개

김용식 연성대학교 호텔조리과 교수

김업식 연성대학교 호텔조리과 교수

박상준 연성대학교 호텔조리과 교수

박명수 연성대학교 호텔조리과 교수

김형래 Italian restaurant Ciro Olivo(치로 올리보) 오너 셰프
ICIF(Italian Culinary Institute for Foreigners) Master 졸업 Italy

허 정 연성대학교 푸드스타일링과 교수

김진숙 연성대학교 푸드스타일링과 교수

정정희 연성대학교 푸드스타일링과 겸임교수

안지연 연성대학교 푸드스타일링과 겸임교수

수프에서 분자요리까지

프랑스 & 이탈리아 요리

2012년 12월 21일 초판 인쇄 ▪ 2012년 12월 28일 초판 발행

지은이 김형래 외 ▪ 펴낸이 류제동 ▪ 펴낸곳 (주)교문사

책임편집 정혜재 ▪ 본문디자인 이연순 ▪ 표지디자인 이혜진
제작 김선형 ▪ 영업 정용섭 · 송기윤 · 이진석
출력 현대미디어 ▪ 인쇄 동화인쇄 ▪ 제본 한진제본
주소 413-756 경기도 파주시 교하읍 문발리 출판문화정보산업단지 536-2
전화 031-955-6111(代) ▪ 팩스 031-955-0955
등록 1960. 10. 28. 제406-2006-000035호
홈페이지 www.kyomunsa.co.kr ▪ E-mail webmaster@kyomunsa.co.kr
ISBN 978-89-363-1319-7(93590)

값 20,000원